如何科学地
反　驳

[美]克契门／著　　　　费培杰／译　　　　陶清／整理

江苏人民出版社

图书在版编目（CIP）数据

如何科学地反驳 /（美）克契门著；费培杰译；陶清整理. — 南京：江苏人民出版社，2024.7（2025.3重印）
ISBN 978-7-214-28052-7

Ⅰ.①如… Ⅱ.①克… ②费… ③陶… Ⅲ.①辩论—语言艺术 Ⅳ.① H019

中国国家版本馆 CIP 数据核字（2023）第 077484 号

书　　名	如何科学地反驳
著　　者	［美］克契门
译　　者	费培杰
整　　理	陶　清
责任编辑	胡海弘　张延安
出版发行	江苏人民出版社
地　　址	南京市湖南路 1 号 A 楼，邮编 210009
印　　刷	天津旭非印刷有限公司
开　　本	787×1092 毫米　1/32
印　　张	9
字　　数	150 千字
版　　次	2024 年 7 月第 1 版
印　　次	2025 年 3 月第 2 次印刷
标准书号	ISBN 978-7-214-28052-7
定　　价	49.00 元

（江苏人民出版社图书凡印装错误可向承印厂调换）

编 者 说 明

　　费培杰先生的译文，最早在商务印书馆出版，文辞流丽，兼得达雅。我们在尊重费公译文，展现其译文精彩之余，对译文个别之处进行调整，使行文符合现代汉语表述，所举之例符合现代情形。此外，我们适当添加脚注，方便读者理解。特此说明。

序一

　　费君培杰将新译《辩论术之实习与学理》^①送给我看，并请我作一篇序文，我大略看一遍后，发生两种感想。一种是关于辩论术在中国现代学术思想界应占的地位。学术思想之最后目的在求真理，而辩论术即是研求真理的种种方法之一。我们生于思想解放、制度改造的时代，众说纷纭，见仁见智，学者既不愁不能传染新思想，亦不愁不能打破旧制度，所愁的是不能将问题体认真切，是非辨别清楚，利害权衡得当。但要做此种体认辨别及权衡上的工夫，非有一种工具不可。依我看，辩论术确是现代青年应有的一种帮助理解、扫除盲从的工具。读者看完此书，定有同一感想。我的第二种感想

---

　　① 《辩论术之实习与学理》为本书原译名。——编者

是关于语体文的可能性。自语体文盛行以来，极端主张一派以为语体文是无所不能的，即白话诗亦能显出语体文之可能性。但凭我的物质眼光观察，诗之为物，本是思想上一种奢侈品，语体文是传达思想有用的利器。以有用的利器充无谓的应酬已是不值，况所用诗料仍不外风花雪月，虽说不去挹杜拍韩，却去做了东西诗家的翻译，实在是语体文的大不幸。我以为此后语体文的可能性应从切于实用的方面发展。如形上形下各种科学，都可以用极简明的语体文达出，当然于流通思想、介绍新知有很大的功效。费君此译，足以证明语体文的切实应用，是我所深信不疑的。

　　　　　　　　　　　　　　　金邦正记于清华学校

序二

历史上人类之大事业，十九皆缘论辩之结果而潜发也。其在印度，诸大学者有所发明主张，恒鸣椎号众，订期结坛，广集诸异己者为累月之论争，往往以生命赌胜负。上自国王耆宿，下至士庶，咸辐辏观听以为乐；若蛮族乐观勇士之斗兽也。此其事载于马鸣、天亲、提婆诸传者，不可胜纪也。乃至吾国之元奘，学成而后，亦以戒日王之请，行此种仪式者一月。夫彼土宗教思想哲学理论之发达，何以能夐然独绝千古，盖非树义甚坚应辩无方者，不足以成大师；凡一学派之建设，必有其盛水不漏者存，而民众以此机缘，得所听受，以鼓其兴味而增其辨别力，则于学之普及，为宏多矣。欧洲亦然，希腊罗马之民，即以观听雄辩为公众娱乐之一。学者及政治家欲有所表现，不能不以此为利器。故该撒、昔西罗之辞令，至今犹诵之。彼土之政治学艺，所以波澜壮阔而一归于民众化，皆此之由也。耗矣哀哉！吾国之文化，他事或不后人，而独于此何寂寂也？孔门虽有言语一科，其学与术皆不传于后；以当时学风测之，度亦不过应对酬酢之用耳。战国有所谓纵横家者流，其操术虽颇经简练揣摩，然乃以对一人，非以对大众，故谀词诐说易行焉，不复为世所重。自汉以还，论学论事，皆恃笔简，而口舌之用殆废。其言语论争惟一之公案，仅有汉武帝时诸"贤良""文学"与"丞相史""御史大夫"面争盐铁之一事，其语具见于桓宽之《盐铁论》。而两造之争，无公认之方式，卒以忿诟终。以视印欧辩者，堂堂焉建大将起鼓者，何不侔也。乃若魏晋清谭，专弄虚机，宋明讲学，更无敌难。（宋明诸大师虽有笔札争论，绝无集众对辩之事）其为政者，则惟有所谓密勿启沃；端拱成化；其于舆人之诵，漠不关心，更无论矣。呜呼！我国之民众的政术、学术、艺术，所以阅千年不一见，而长滞于晻昧肤薄之域者，岂不以是耶？岂不以是耶？然则费君此书，其足以药吾族之痼疾者，必有在矣。书虽宗美人吉森原著，然属辞比事，咸顺兹方，能发读者胜趣，知君于此术所造不浅也。

新会梁启超

目录

第一编　辩论术的实践

第二编　辩论术的理论

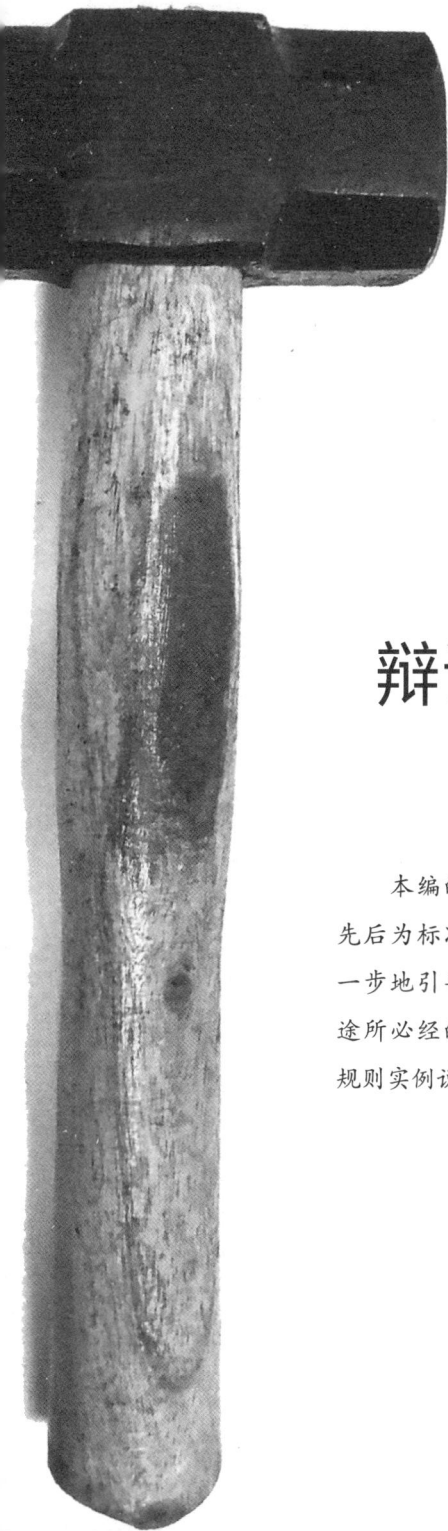

第一编
辩论术的实践

　　本编的先后次序，乃是以实地练习的先后为标准，目的是要依逐层渐进法一步一步地引导学生去做辩论的实践，把他中途所必经的难关逐处指点出来，并逐处用规则实例说明打破难关的法子。

第 *1* 章　辩论术的定义及其重要性

辩论术的定义

欲知辩论术的定义，须先明"辩论"与"术"的分义：

一、辩论

正反两方，依一定的规则，当面演述各人的论证，叫做辩论。这个定义里面，有四点应该注意：

（一）论证

带说服性质的语言文字，叫做论证。这个定义里面，又有两点应该注意：

1. 言语文字

言语指口头的言语，文字指书写的文字。可见论证可以为口头的（如辩论），也可以为书写的（如贾谊《治安策》①）。

2. 说服

"说服"就是"劝"，就是把自己的意思向他人发表，使他人与我怀有同样的意思，或使他人照着我的意思去实行某事。所以商人劝人买货，学生募捐，政治家宣传政策，著作家鼓吹改革，都是论证。我们日常所说的话，所作的文，大多数都逃不出论证的范围。"说服"的定义里面，又有三点应该注意：

（1）自己的意思 说服之前，自己必须有一个确定的意思。例如商人劝人买货，他的意思就是"某君应买这件东西"；学生募捐，他的意思就是"某君应捐钱若干"。这个意思，在书写的论证里，多半就是题目或命题。有时虽不把意思直接用题目标出，但总离不掉一个意思。在正式辩论中，这个意思必须直接用题目表示出来。可见辩论是不能无题的。单凭题目的一句话，不足以尽达心中的意思，于是不得不加以说明、证明等等，以为辅助，所以有辩词。

---

① 《治安策》是西汉文学家贾谊创作的一篇政论文。该文论及文帝时潜在或明显的多种社会危机，富有针对性地一一指明对策和补救措施。文势忽峻忽缓、首尾相接，夹叙夹议，在言论说理的同时，不失时机地运用文学笔法。——编者

（2）向他人发表　论证是要向他人发表，可知其对象是他人。（发表的方法不是固定的，所以口头、书写、手式等等都可以包括在内。）

（3）使他人与我怀有同样的意思，或使他人照着我的意思去实行某事　论证的最终目的，是要引劝他人的思想或引劝他人的行为。但无论引劝思想或引劝行为，总不外一个劝字。引劝思想，是使他人发生心理上的动作；引劝行为，是使他人发生形体上的动作。所以论证最终的目的，就是要引起他人的动作。这"动作"二字在论证术中占很重要的位置。论证是否有效，就是看能不能使人发生动作。最有力的论证，精神上足以使人坚固信仰或改变终身的品行；行为上足以使人忘生死，动干戈，做出赴汤蹈火的举动。

（二）演述

"演述"就是"用口头说出"，可见辩论仅仅是论证中之以口头演述者。

（三）正反两方

带说服性的言语文字，常有两方。一方说"应该"，另一方便说"不应该"；一方说"是"，另一方便说"不是"。说"应该"或"是"的一方叫做正方，说"不应该"或"不是"的一方叫做反方。两方的责任，都是在维持自己的论证，攻破对方的论证。可见争论是辩论所必有的。论证虽是用口头演述，倘若没有两方当面的争论，还是不能算辩论。

（四）一定的规则

论证虽是用口头演述，又有正反两方当面争论，倘若没有一定的规则，仍然不算是辩论。这种规则，本来是由两方共同定立，没有一定的形式。不过有两条是不可少的：

1. 两方都要有当面演述自己的论证的机会。

2. 两方都要有当面答辩或攻击的机会。

此外通常的正式辩论比赛，还有以下种种特别规定（但就广义而言，虽无此种规定，也被视为辩论）：

（1）时间的限制　通常每个辩论员须先演述他自己的主张，叫做建设论证或主要论证。所有的主要论证演述完之后，才开始答复。答复的论证，叫做复辩。演述主要论证，通常每人限时十分钟左右。复辩每人六分钟左右。

（2）人数的规定　两方人数必须相等。或一个人或几个人。

（3）演述的次序　主要论证，应由正方起，反方终。复辩应由反方起，正方终。人多的时候，主要论证由正方第一人起，其次反方第一人，其次正方第二人，其次反方第二人，如此轮流。复辩由反方任何人起，如上轮流，以正方第一人终。

（4）裁判员　辩论的胜负，通常由正反两方公请裁判员决定。

"辩论"的意义是如此。"术"的意义如下。

二、术

学问可以分为两大类,一是学(科学),一是术(美术)。用普通话来分别,可以说"学"是论原理,"术"是讲应用;"学"是固定的,"术"是活动的;"学"是逻辑的,"术"是审美的。辩论术是一种术,所以重在应用,是活动的,是审美的。它与数学、物理学、化学的性质不同,不是论原理,也不是固定的、逻辑的。其内容虽然与逻辑的关系并不十分密切,然而毕竟是术,其性质毕竟是与绘画、音乐、雕刻、诗词等的性质相同。什么通权达变触物动机的本领,乃是辩论术中所不可少的。试把辩论术所研究的问题看看,便可想见它是什么东西。辩论术所研究的问题如下:

(一)辩论应从何处着手?应如何着手,才能说服他人获得胜利?这两个问题,就是本书第一编所研究的要领。

其中所包的问题如下:

1. 辩题的内容应如何?语法应如何?

2. 如何才能找出题目的要领?

3. 辩论的材料,应在什么地方找?应如何记录?如何选择?要多少才够?

4.辩论的材料，应如何排列？如何编成要略？

5.所得的材料，应如何编成辩词？如何才能引起他人的注意？如何才能维持他人的兴趣？如何才能鼓动他人实际行动的热情？

6.复辩应如何准备？如何演述？

7.辩词应如何演述？

（二）辩论有些什么法门？这个问题，就是本书第二编所研究的要领。我会列举各种重要法门，并说明各种法门的应用方法。所列举的法门如下：

1.归纳论证

2.演绎论证

3.因果论证

4.类比论证

5.谬误

6.驳论

辩论术所牵涉的学科

由辩论术的内容与性质看来，可知它与逻辑学、心理学、修辞学、演说术，都有直接的关系：

一、逻辑学

辩论中所用到的推理，纯系以逻辑学为基础。没有逻辑学，就不能有缜密的推理，也不能有强固的论证。

二、心理学

辩论要能说服他人，所以他人的心理作用，必须研究。证据的选择，辩词的布局，演述的态度，适用心理学原则的有很多。

三、修辞学

辩论要能劝人，语言上也不能不讲究。字的选择，句子段落的结构，以及文体的清晰、气势、流丽等等，大多以修辞学为基础。

四、演说术

演说术本身所涉及的学科就很杂，心理学、修辞学……都涉及一点。不过辩论术中，直接应用演说术的地方不少。如演述辩词的时候，什么声音、姿势、恳挚、直截、大方……都是演说术范围以内的。

这些关系，读到本书后面，自然可以逐处看出。

辩论术的重要性

一、辩论术在教育上的重要性

我们中国大多数读书人，有几个很深的毛病：

第一，思辨力不够强。凡遇一件事，古人怎么说，他便怎么信。孔子说"敬鬼神而远之"，他也说"敬鬼神而远之"。不管究竟有没有鬼神，不管鬼神为什么应敬，也不管既然应敬，又为什么要"远之"。他人说的话，不知道拿来细细分析，找出一个所以然。只管囫囵吞枣，糊糊涂涂地过去。因而许多问题，没有一个彻底的解决。关于科学上的问题，更是这样。这种现象，纯是由于没有追根究底辨异析歧的习惯所致。而造成这种习惯的原因，最大的有两方面：1.中国逻辑学不发达；2.中国辩论术不讲究。

第二，只会读书作文，不会说话。这层弊病，有三个重要原因：（1）旧时言文不一致。读书是读书，说话是说话。学校里只知道咀嚼古人的文字，没有人研究时人所说的话。所以"之""乎""也""者"用得十分好，"油""盐""柴""米"的家常话却不会说。书痴就是这样。

（2）读书人轻视辩论。舌辩之士，如苏张之徒①，是儒雅君子所不乐为的。孟子虽辩，还要说"予岂好辩哉，予不得已也"②。辩字好像是个不干净的东西一般，非到万不得已，不敢沾染。这种风尚，越传越厉害，加以误解"巧言令色，鲜矣仁"③等类的话，对于辩论术不仅不敢彻底地研究，甚至不敢提及。（3）社会上不需要口才。春秋战国时的游说之士，全凭三寸舌以说合诸侯，所以辩论术还很发达。到了后世，只要文章诗赋作得好，便可步入仕途，又没有什么集会、结社、选举的事。用不着口才，所以演说辩论都没有人研究。有这三个原因，所以几千年来，研究文学的书，汗牛充栋，研究言语的书，寥寥无几。说话的技术，每况愈下。

第三，没有争论的精神。事事主张退让，总以少管闲事、少惹是非为妙。因而真理泯没，是非颠倒，很少有人去管它。有些人，心知其然，不过因为辩证是犯难的事，遂甘心屈服，让人战胜。有些人，心知其然，却以为真者自真，伪者自伪，

---

① "苏张"分别指苏秦和张仪，两人是战国时期纵横家的代表人物，是最有名的说客。——编者

② 出自《孟子·滕文公下》，意思是"我难道是喜欢辩论吗？我是不得已而辩论啊！"——编者

③ 出自孔子《论语·学而》，意思是"花言巧语，装出和颜悦色的样子，这种人的仁心就很少了"。——编者

他人尽管会说，尽管能以辞乱理，但于真理依然无损，我何必要去与他辩。这种精神的结果，对中国的政治、学术影响深远。

第四，不留心常识。四书五经诗文而外，什么社会、国家的问题，概不过问，所以常识缺乏。对于时局大势，也漠不关心。

以上四种，都是许多年遗传下来的旧习气，也就是一直教育不完备的坏结果。近年虽渐受西方文化的影响，但即令在学校之中，这种积习也还没有彻底清除。这些积习根本的原因究竟在什么地方呢？若说教育不完备，试问是什么地方不完呢？究竟有什么法子可以补救呢？要想解答这些问题，不妨先看看辩论术在教育上有些什么功用。辩论术在教育上的功用，可从几方面说明如下。

（一）心思方面

1. 推理正确　辩论离不开论证，论证离不开逻辑。没有正确的推理方法，不足以言辩论。所以练习辩论，可以使大家的心思有条理，可以使大家知道逻辑学中正确的推理方法，可以使他凡遇一事，能把因果、是非、真伪辨得清楚，不至囫囵吞枣，妄加猜测。

2. 分析敏锐　辩论术中，得了一个题目，必须把题目的方方面面、前因后果、种种关系都分析透彻，找出真正的要领所在，然后才去着手辩论。这种练习，可以使大家养成分析的习惯。不至于笼统糊涂，分不出轻重缓急。

3. **时时运用心思**　既有分析的习惯，便处处存有疑问心，处处存有研究心，处处留心观察，处处追根究底。兼之当面答辩，时时要分析对手的理由，心思时时都要活动。这种心态，是研究学术和立身处世所不可少的。

4. **心思凝聚**　辩论不能离题。要领在什么地方，便要把全副精神凝聚在这个地方去角斗。这种练习，可以使心思凝聚，不至散漫不专。

5. **思维敏捷**　辩论场中，对手所说的理由，当面就要答复。这种练习，可以使思维敏捷。

（二）言语方面

1. **说话清晰、有条理**　辩论须口头演述。口头演述，依照演述的方法练习，能养成清晰、有条理的口齿。心里有意思，能用最清楚最明白的言语表达出来。不至于口齿艰涩，只会读书作文，不会说话。

2. **说话能运用技巧**　言语的第一步是要使人懂，所以第一要清晰、有条理。再进一步，便不但要使人懂，并且要使他喜欢听，听过之后还要能留下深刻的印象，产生最大的效果，所以不能不运用技巧。在辩论术里研究这种技巧，可以得以下的结果：

（1）言辞流利。

（2）说话有力。

（3）辞语丰富。

（4）说话能临机应变，对答如流。

（5）说话能辨轻重，言简意赅。

（6）说话能揣测听者的心理。

（7）说话能以理服人，以情动人，充分发挥言语的功能。

3. 能当众演说　辩论比赛是当众举行，所以演说术也得同时练习。声音、姿势、胆量……都可以练习而得。

（三）精神方面

1. 不甘退让　辩论有竞争性，能提起大家拥护真理维持正道的精神。自己有了真正见解，正当主张，便不肯甘居缄默。

2. 能自抑情性　辩论时只容真理战胜，不容使性纵情。只能据理以争，不能加以怒骂。所以练习辩论，可以自抑情性。

（四）知识方面

1. 多得知识　辩论须自己调查，自己搜求材料。辩过一个问题，问题里所牵涉的一切事实差不多都可以知其大概。并且自己做过功课，所知道的更确切，更不容易忘却。比较读书所得的知识，分外宽广，分外有用。

2. **留心社会、国家问题**　辩论的题目，多半是关于实际方面的问题，尤其以社会、国家的问题为多。时常辩论这些问题，足以引起留心时局、关怀国事的精神。

由上面说来，可见辩论术对于中国人的旧习惯，正是对症发药。我们心思上、言语上、精神上、知识上，所欠缺的许多东西，都可以借辩论术把它们延伸发展。辩论术在教育上的重要性，也就可以想见了。

二、辩论术在实际上的重要性

上面所说的，发达心思、训练能力、修养精神、储蓄知识，都是由造就上着眼，所以是教育上的重要性。此节所说的，是就个人、社会、政治、学术诸方面而言，由实用着眼，所以是实际上的重要性。辩论术在实际上的重要性如下：

（一）就个人而言

1. **自卫**　野蛮时代，个人自卫的利器是拳头，文明时代个人自卫的利器是言语。从消极方面讲，法庭上的辩论，便是自保财产、自保生命、自保名誉的实例。从积极方面讲，会场的辩论，便是推翻他人的主张、巩固自己的立足点的实例。

2. 职业 商人劝人买货，教师教室演讲……有些职业专靠言语，有些职业以言语为辅助。

3. 社交 平常开会，少不了讨论。应酬场中，时常有登台演说的时候。并且能说话的人，无论在什么团体里面，多半可以居领袖的地位，能指导他人的行动。

4. 择业 分析敏锐的人，择业时能把自己的境遇、自己的资质、社会的需要……看得透彻。或成或败，自己能先有把握。

5. 解决实际问题 例如有人说把孩子送入公立学校，不如送入私立学校。有分辨力的人便能把好坏分辨清楚，然后再送孩子上学。有人说明年夏天粮食要涨价，现在宜多蓄粮食。心思缜密的人便能详较得失，走最稳的一条路。

（二）就社会而言

1. 鼓吹正论，攻击弊端 社会上有许多问题，人各一见。早婚制明明有害，有些人偏偏主张早婚。大家庭制，主张新文化的人认为应该打破，守旧派的人认为应该保存。民选制有些人认为可行，有些人以为弊端甚多。这些问题，若想把正当的主张在社会上宣传，造成社会的舆论，除文字的论证以外，非口头的论证不可。

2.提振国民积极主动的精神 使国民中辩论的分子增多，就是提振国民积极主动精神的间接方法。

（三）就政治而言

1.获得大多数的支持 在共和政体之下，政治上的根本原则，是维护大多数国民的利益。一切政治，或直接或间接，都是取决于大多数。政策能不能施行，主张能不能贯彻，全靠能不能获得大多数的同意，而获得大多数同意的方法，最有效的是辩论。只须旁听一次，就知道辩论在政治上是何等的重要。不但政坛如此，其他一切组织，一切社会，莫不如此。如果没有辩论的能力，胸中虽有绝好的主张，也难以如愿贯彻。这就是辩论在政治上最大的用处。

2.外交 顾维钧在巴黎和会上力争山东问题的情形，大家应还记得。外交上折冲樽俎的时候，虽然要有国力为后盾，但若无辞令，哪能全部奏效？

（四）就学术而言

学术的发达进步，第一要有人研究，第二要有法传授。研究的人，要有清楚的脑筋，有条理，善观察，能分析。传授的人要有清楚的语言，明白的文字，处处正确明晰。辩论术所训练的，第一就是精细的推理，第二就是清楚的语言。所以与科学的进步，有密切的关系。中国学术的不发达，研究无条理和传授不清楚是最重要的两个原因。翻开古书来看，材料虽然汗牛充栋，试问有系统、有逻辑、能自成一科的有多少？不含糊、不深晦、不驳杂的又有多少？至于口头传授的弱点，只须听一听那些老先生们说话讲书的口气，便可知道。"天地玄黄，在上的是大，在下的是地……""凡阴阳不调便要生病。"……这一类的话，空空洞洞，究竟传达了什么意思？以这种话为传授的利器，难怪学术不进步。

辩论术与道德

有许多人怀疑，以为辩论术与道德不甚相容，认为真者自真，伪者自伪，用不着去辩论；认为巧言令色，鲜矣仁；认为讲求辩论术，如同是开以伪乱真的门径；认为研究他人的心理、利用他人的感情，未免有伤忠厚。其实这些想法，都是出于误会，并不是辩论术的真相。辩论虽是专以言语劝人，但第一要推求真理，第二要尊重人格。什么分析、论证、驳论，其目的都是在发现真理、推倒伪说。什么演述、说服、诱劝，其目的都是在伸张已发现的真理，传播正当的主张，使人能取真弃伪、从正远邪。所有的"术"不外是拿来辅"道"的，并不是教人利用这些淆乱是非、蛊惑他人。认真说起来，要想真理昌明、邪说遁避，非竭力讲求辩论术不可。不然，真的看不见，伪的分不清，简直没有彻底澄清的日子；正说不能使人听，邪说不能使人弃，简直没有公理战胜的日子。所以辩论术在道德上，不仅消极方面无害，并且积极方面还有很多大的功劳。如果怕人误用，就不敢研究，那么研究科学，足以使人类杀戮同类的器械更精；研究法律，足以使人民逃避法网的伎俩更巧。难道科学与法律也就因此不研究吗？研究科学的目的，是要利用自然以增人类的幸福；研究法律的目的，是要求出最善的方法以维持人类的秩序；研究辩论术的目的，是要训练最精密的思想、最强干的言辞，以发现真理，维护正义，攻破伪饰，推翻邪说。谁说辩论术与道德是不相容的？

第 2 章 题 目

题目的内容

论证的第一步，就是要有一个清晰明确的题目，并且这个题目一定要含有争论的性质。正反各有一面的主张，辩论人可以任选一面，说明为什么应该，有些什么好处；或说明为什么不应该，有些什么害处。所谓清晰明确、含有争论性的题目，就是这个样子。

选择题目，必须注意以下三个要件：

一、题目必须有趣味

择题的第一个标准，就是"趣味"。凡辩论的题目，必须辩论人与听辩人都感兴趣，都很留意，都很关心，并且有利害关系才好。定了这个标准，所以择题总要择有关实际的，不可择只有空论的。就是说，择题之前，须问一问这个问题解决后能不能对于个人、国家、社会生出什么影响？

那些老题目，如"先有鸡还是先有蛋？""笔和刀的本领孰大？""水与火的破坏性孰大？"等等，没有实际的关系，早已失掉了辩论的价值。以前出版的一本书，书里有几个题目：

农民和工人，哪个更有用？

从憧憬未来所生的快乐，与从回想以往所生的快乐，哪样更大？

律师对于社会，有益呢还是有害呢？

想得到一件东西和已得到一件东西，哪样的快乐更大？

诗人，政客，战士，哪种人最应受社会的尊重？

从眼睛得来的快活，与从耳朵得来的快活，哪样较大？

这一类的题目，讨论后没有一点儿实用价值，所以没有趣味。择题时务必避开。此外还有些题目，因为与"时""地""人"三个要素不相合，也不能引起趣味，也是应该避开的。例如：

一个针尖上可以容多少天使跳舞呢？

上帝能不能造一把尺子，只有一头儿呢？

这种题目，在我们看来，简直是一种笑话，然而欧洲古时的学生，公然有拿来辩论的。在那时候足以引起他们的兴趣，在如今却不能了。在那时的欧洲足以引起兴趣，在那时的中国却不能了。在那时的教徒足以引起兴趣，在那时的非教徒却不能了。这都是时、地、人不同的缘故。又如中国人去讨论美国人的问题，对商人去说耕田的方法，哪里能使听的人产生兴趣呢？所以择题不能不注意时、地、人三个条件。

有趣的题目很多，最重要的莫如乡土的问题。本地方的事，叫做乡土问题。例如建设国民学校、捣毁城隍庙等等。这些小小题目所引起的兴趣，往往比国家大计、政治问题等的更深，因为它们与本地的居民有密切的关系，足以引起他们的种种心理作用。有些人想到利害关系；有些人素存成见，以为这样好那样不好；有些人私怀野心；有些人贪慕虚荣；所以对这种题目，都很关心，都觉得有趣。初学辩论的题目，以这种题目为最适宜。

乡土问题已经搜求无遗，便可注意关于国家、社会、民族等类的大问题。官制、赋税、商业、工业、教育，以及国际间的事务，都是可以发展辩才的东西。不单是可以发展辩才，并且可以增长公民知识。

择题总应先择当时一般人都很关心的才好。时人所最关心的题目，可在最通行的杂志报纸里找出。

二、初习的题目，必须是辩论人都知其大概的

初习辩论，不外要使辩论人熟习规则和格式，所以选择题目，只以辩论人自己经验见闻所及者为限。有些题目，如关于赋税、财政、教育制度等事的，要想辩论，非花时间去调查研究不可。这些题目，初学者不宜选择。学生在校内练习，最好是先择校内的小题目，等到练习有素，然后再用大题目。

以下所举的题目，都是很适合初学者的。但是这些例子，不过是借以表明应择的题目的性质，并不是要学生选择这些题目去辩论：

（一）平素得 90 分以上的学生，应不应免他的期考呢？

（二）器械体操，应不应强迫人人都学呢？

（三）一年级学生，应不应准他们加入校际运动会呢？

（四）中学应不应添设辩论术一科呢？

（五）踢球应不应废止呢？

三、题目须可以辩论

选题时上面所说的两个条件尽管做到了，然而所选的题目有时还是不能辩论。凡是只有一面的题目，万不可选。这乃是第三个要件。下面再详细说明。

第一层，显然是真的或显然是假的的题目，定不可用。例如几何学里说"三角形三个内角的和等于 180°"，这种显然是真的事实，谁能加以辩论，说它不是 180° 呢？又例如说"凡人必死""赫胥黎是一个大哲学家""健康比患病好"

这一类的题目，也是不容辩论的。但是这些不能辩论的题目，有时因为字句穿凿，真意隐晦，居然也有人拿来辩论。例如"国家若欲兴盛，不应专以文事翰墨为励士之方"。这题目初看起来，似乎可以辩论，其实还是不能辩论的，因为国家图强本来是不应专重文学一面，原因显而易见。其所以似乎可以辩论者，乃是因为题中有许多穿凿的字句的缘故。显然是真的或显然是假的的题目，都不能辩论。

第二层，一个题目，必须能够找得出近似的证明才可以。若不能证明它差不多是真或差不多是假，那这种题目，是不能辩论的。我们辩论一个题目，总要能用已有的事实，用推理的方法，得出一个正面或反面的结论。要想能够求出这个结论，便不能不注意两件事：1.题目要在人类的认知范围以内；2.要有一个共同的比较标准。例如说"水星上一定有生物"，这种在知识范围以外的题目，谁能证明它对不对呢？又如说"律师对于社会的用处比医生的大"，律师的用处和医生的用处迥然不同，没有共同的比较标准，怎么可以比较呢？并且在现今的社会上，这两种人都是不可缺的，实在没有高低的分别。又如说"联邦制不如中央集权制"，这个题目便有共同的比较标准了。联邦制与中央集权制都是统治国家的办法，只看哪一种办法相比之下要更方便一些，便可定出优劣。

上面所讲的，是题目的内容。凡一个题目，必须综合以上三个条件。下面讲的是题目的形式，专论题目的字句要如何排列，才便于辩论。

题目的语法

题目既已择好，不懂辩论的人，必定以为马上就可以拟出一个形式适宜的题目来，其实不然，已经做了的仅仅只能算完成了一半。虽然选了一个有趣的、合宜的、可以辩论的题目，但要把这个题目写出来，要使它恰合适当的形式，还须一步步来。

辩论的题目，必须写成已决案的形式。例如"×国现在应实行义务教育制度"，便是已决案的一个样子。单写一个名词是不行的。譬如以"义务教育"为题，我们可以写一篇记叙文，叙述义务教育在英国、日本的历史；可以写一篇说明文，说明什么是义务教育；随便写什么，都没有限制。但是辩论的题目便不能像这样糊涂，必须把争论点所在的地方明确叙出，弄成已决案的形式，辩论起来才不至于浪费许多唇舌，在题目的字句上打官司。有些时候辩论，因为题目不清楚，正反两方的解释各有不同，以致辩到终局，等于没有辩；

两方的辩论员以及裁判员和听辩的人，都不知道究竟所辩的问题解决了没有。所以题目的语法，应该非常严密。

题目的语法，须依以下的规则：

一、题目必须弄得很窄，只含一个要紧的意思

初学的人，最喜欢把题目弄得很宽。这个错处，并不是错在题目的内容，而是错在字句上。现在且举一个宽题为例，我们把它逐渐弄窄，只准它包含一个意思，以表明怎样才算是窄题。例如"一年级学生，不准参加运动会"，照这个题目的字句来讲，一年级学生包括了世界上一切学校的一年级学生；不准参加运动会，就是无论何种运动会都一概不准他们参加，范围岂不是太宽了吗？我们要想把它弄窄，只须看题里所讲的共有几件东西，便可以设法把它们一件一件地弄窄。这个题目里所讲的，共有两件，一件是一年级学生，一件是运动会。我们可以由一年级学生这一件先下手，把它加个确切的范围。比如说"南洋大学的一年级学生"或其他某校的一年级学生，那么就窄得多了。搜集辩论的材料和寻找题目的要领，也都更容易了。其次再把运动会加个限制。照原来的题意，凡是运动会都不准参加，里面便包含了级与级的运动会，校与校的运动会，以及团体与团体的运动会。若在运动会的前面加上"校与校的"或"校际"几个字，范围便窄

了，意思便只有一个了，题目的要领也就明确了。照这样修改过后，原题目就变为"南洋大学的一年级学生，不准参加校际运动会"。限制到这个地步，使题目中只有一个明确要紧的论点，才算是很好的题目。

限制题目的范围，其困难虽是层出不穷，但是若能把上面所说的方法和所举的例子记在心里，也不会再有错处了。

二、题目必须用正面的语气（就是肯定语气）

例如讨论"美国应不应对德宣战？"，正式的题目便不能用这个问话的语气。也不能用反面的语气，说"美国不应对德宣战"。正面的语气，才是合理的叙述法。就是说应该写作"美国应对德宣战"。要用正面语气的理由如下：

辩论时第一个论证总是由正方发端。阐明题目的责任，全在正方。如果正方不能证明，那么全题的是非，便都在反方的掌握里，由他任意说去了。凡一个问题，谁说"是如此如彼"，便应该要他证明"是如此如彼"。正方说"是"，正方便应证明为什么"是"；反方说"不是"，只要正方不能证明"是"，便已经隐含了"不是"的意思了。反方是因为正方有人主张如此如彼，所以才提出"非如此如彼"的主张，倘若没有人主张如此如彼，那么还有什么问题呢？反方还有什么话讲呢？所以应该用正面语气。题目用正面语气，就是说正方第一人发言过后，至少也得要证明了一点儿东西。

正方的地位，比反方的地位较难，因为正方有证明"是"的责任。正方若不能自圆其说，不待反方攻击，便已败了。比如，正方主张"学校里应该废止考试"，就应当证明为什么应该废止。考试的制度，是现时已经存在的。正方若不能证明为什么应该废止，那么这个制度当然照常进行，不必要反方来主张"不应废止"，自然是不废止的。又如劝人买一本书，若不能证明他为什么应该买一本书，那他当然是不买，不必要他发表反面的理由，正面已自归于失败。照这样看来，辩论场中，在反方答辩以前，当然应该先给正方一个机会，使得充分地陈述他的证明（他的理由）。所以题目必须用正面的语气。

但是正面语气的意思，不宜看得太死。一个题目，同样的意思，可以用正面语气，也可以用反面语气。比如，"学校应废止考试"，这是正面。反过来说"学校不应有考试制度存在"，便成了反面，而其实是一个意思。遇着这种题目，要以哪边为正，便应该看一看事实。学校有考试制度，事实上是遵行惯了，没有什么问题的。你若以这面为正面，把题目弄成"学校应该有考试制度存在"，那岂不是无病呻吟吗？考试制度之所以发生问题，是因为有人说应该废止。所以主张废止的人，是惹出是非、弄出问题的人，即是问题的发起人。一切题目，都应该以发起人一面的主张，作为正面。发起人一面的主张，多半含一个"改革"的性质，另一面的主张，多半含一个"仍旧"的性质。以这一点为标准，哪面应为正面便容易决定了。事实上既已决定，语气上便容易安排了。

三、题目里不可有意义含糊的字

题目既已弄窄，只包含一个意思，又已用正面的语气表达出来，其次便要仔细审查，看有没有意义含糊的字。意义含糊的字，其义太泛，可以作这样解，也可以作那样解。例如"道"字，可以解释为道路，可以解释为天经地义，也可以解释为神道。"欲"字可以解释为希望，也可以解释为贪欲。诸如此类的字，什么"文明""政策""好""不好""相当办法"，都很容易导致题目不明，题中都不宜用。有时即使用，也必须附加注释。总之，题目中的字，每字只准有一个解法，并且要十分明显，所指何事才不至于生出争论。不然全篇辩论，恐怕又要变成字义上的辩论了。

"垄断的事业应该受法律应有的制裁"这个题目，有三个地方不清楚：（1）垄断；（2）应有的制裁；（3）法律。做生意的人独占市利，算是垄断，此外还有许多种垄断，究竟所指的是哪一种垄断呢？"应有"的意思，灵活得很。法律上应有的制裁，也许是禁止，也许是不禁止，也许是加监禁的罪，也许是加死刑，也许是没收财产，究竟是要怎么才算是应有的呢？"法律"这个名词似乎没有疑义。但是仔细想一想，题目里所指的究竟是什么法律呢？有国际法，有中央可以通行于各省各区的法，有各省各区的本地法，究竟是要依什么法呢？题目里有这些含糊的字，所以简直拿不准它的真正意思。若把原题目改为"工商业上专利的行为，应由农商部通令禁止"，这便清楚多了。至于题目里所说的事情对不对，那又是另外一个问题。

凡一个辩题的字句，总要弄得十分清楚严密，使正反两方的解释，不能不相同。并且这个解释要明显，要不含糊。

四、题目要最简洁、最浅显（但同时要不犯以上几条）

题目的字句，既经过以上一番加工，还要仔细审查，看可不可以另用更简明的法子表达出来。但是虽然力求简洁，同时又不能犯以上的规则。题目越简洁，越容易看得出它的要领所在。就是在准备论证上花的时间，也省了不少。

一个题目，有时除主要问题以外，还有枝叶问题。枝叶问题，虽然是在主要争论点以外，但是就逻辑学讲，还是与题目不能分离的。遇着这种情形，如果辩论人仅仅在主要争论点上做功课，那么对辩人若把枝叶问题提出，便叫他无法回辩。美国各州联合辩论会里有一件事，可以做一个很好的例子。会里讨论增加遗产税的问题。正方说联邦政府应该征收这种税，反方说不应该。正题辩了许久，反方忽然在题外提出"宪法问题"来，他说征收这种税明显不合美国宪法，所以不应征收。宪法问题，本来是在题外，但经他这样提出，正方便无辞可措了，所以这项税终究是不能征收。最后没有办法，只得在题目后面加"不管宪法"几个字，以免两边又拿"合宪法""不合宪法"来作为争论点。所以有一次的题目，是"联邦政府应该征收增加遗产税，宪法问题姑且不管"。

加这一句话，题目仍不失简洁，然而题外的争论点却防住了。防止题外的争论，也可以在题目中间加限制的语句。但照那样加，有时反把题目弄得复杂晦涩，有时反加了一些疵点进去。所以不如在题后另加。

总之，在选题和斟酌字句上多花些时间和精力是值得的。只要这一步做到位，不但能够看得出一个明确的结论，就是以后的推进也更容易一些。许多好处，都在后面。

【概要】题目语法的规则

1. 题目必须弄得很窄，只含一个要紧的意思。

2. 题目必须用正面的语气（就是肯定语气）。

3. 题目里不可有意义含糊的字。

4. 题目要最简洁、最浅显（但同时要不犯以上几条）。

第 3 章　题目的分析

分析的重要性

题目既已选定，字句也斟酌好了，下一步便要分析。在未讲分析以前，应该先讲一讲分析的重要性，使大家知道它的价值，不至于把这一步忽略过去。什么叫分析呢？就是把题目的内容仔细审查，看里面究竟包含些什么东西，哪些是要紧的，哪些是不要紧的，哪些是虚的、弱的，哪些是实的、强的。辩论犹如对垒，彼此的形势要隰虚实强弱，要先了如指掌才能稳操胜券。要使形势要隰虚实强弱了若指掌，就要认真分析。辩论的胜负，大半以分析的工夫为转移。如果分析做得到位，那么题目里什么地方应该证明，以及自己的理由实在不实在，都可以自己有把握了。如果自己觉得分析做得不到位，心里一定是无把握的。

做分析不单是在辩论里非常重要，就是对于人生一切实际的问题，也是非常重要的。一旦养成分析的习惯，占便宜的地方实在不少。历史上的伟人，差不多都有这个习惯。他们每遇一件事，都去细心分析。秦始皇当七雄并立的时候，把山东诸侯的形势做了分析，定下远交近攻的政策，终成统一大业。袁世凯在民国成立以后，民治主义正在势不可遏的时候，想做皇帝，他分析国势的眼光有所蒙蔽，所以终究失败了。许多成功、失败，都是可以用分析两字来解释的。

不但功业成败与分析的能力有莫大的关系，就是个人的行为，依靠分析的地方也很多。我们无论做什么事，既不可盲目乱做，又不可听天由命，应该用分析的眼光去解决。例如学生会表决议案，便当把议案的要点和将来的结果仔细分析清楚，然后照自己所见的主张去赞成、反对。不应该人云亦云，随声附和地举手。又如选择专业，预计自己将来的职业，也应该把自己个人的长处短处、家里的情形、当时社会的状况等项，一样一样地看个清楚，再决定方针。不应该闭着眼睛，守株待兔。这些都是分析应用于日常生活的地方。要想在日常生活里善于做分析，有一个窍门。这个窍门就是从分析辩题入手。

分析的步骤

一、知道题目的大概

分析的第一步，就是要知道题目内容的大概。题目如果是乡土的或是很熟悉的，这一步便可以免掉，直接对其进行审查，把它的真义找出来，看要些什么证据才可以使论证成立，要些什么证据才可以使论证攻破。但若不是熟悉的，便应先考察它的内容，先看题目里所包的是什么东西，然后或去问一问熟悉这东西的人，或去找论及这东西的大概的书来看。如果不去看书，只去遐想，便要犯思而不学的弊病，不是弄错，就是茫无头绪。问人和看书的时候，心里要不存成见，肯容纳所闻所看的一切东西，但是同时又要独具只眼，有不偏不倚的精神。切不可看了人的书，听了人的话，便把自己的心引到别处去，把题目都忘却了。问人和看书的时候，须记着"我的目的是要定题目的范围，题目的意义，和题目所含的意思"。

题目的大概，既已知道，足够推理使用，第二步就要调查问题的情形及经过。

二、追溯问题的起源与历史

定一个题目的意义，须看这个问题是怎样引起人们讨论的。换一句话说，就是有了一个题目，应该先问一问："这个题目为什么会变成一个辩题呢？"例如美国人前几年辩论"在美国营业的人寿保险公司，应归美国联邦政府管理"这个题目，在不熟悉情形的人看来，似乎没有头绪。为什么有人要联邦政府（就是诸州联组的中央政府）来管理保险公司呢？谁来管理，又有什么区别呢？没有人管理，又有什么关系呢？这些问题，若去研究题目的来源，便明白了。原来在美国各州营业的人寿保险公司，从来就是归各州政府自己管理。后来忽然发现弊端，于是一般舆论都以为各州政府的管理不是很得力，联邦政府权力较大，不如改归联邦政府管理，或许可以整治弊端。所以"应归各州管理呢，还是应改归联邦政府管理呢"这个问题就产生了。照这样看来，可知题目的要点是"若归联邦政府管理，是不是比各州政府管理更好呢"。我们若不由题目的起源去研究，哪里能得出这个真正的要领！

寻找题目要领的时候，题目的起源与历史虽然是这般重要，但是在实际辩论的时候，却不可把这一部分弄得太长。太长了便令人厌恶。无关轻重的历史，尤其要简短。总之，把与题目有关的事实都简明陈述出来就够了。

但是有些题目，与时间有很大关系。问题产生之后，因为时间不同、境地不同，它自己也发生了变化。遇着这种题目，则其起源、历史就十分重要。有许多题目，原来是一个意思，后来因为有了新的变化，遂另含了一个意思，使原来的意思完全消失了。若不去研究其中的变迁，简直没有办法去懂它。这种题目，辩论的时候，便应把原来的争论点所经过的变化，一一说明，然后指出现在争论的要点应该在什么地方。

三、确定字的定义

题目的大意已得，题目的要点也已经知道，再进一步，便应把题目中各字，清清楚楚地做出定义。

若没有一本好字典，字的定义固然是很难下的。但是即令有了好字典，在辩论场中也还是用不着。字典上的定义，多且杂，并且是普通的。至于辩题里的名词，其定义便随地不同，用在一处，自有一处的特别意义，不是字典上寻得出的。所以要想对辩题里的字下定义，不能不有特别的方法。这个方法，就是：（1）先研究辩题的起源及经过情形；（2）再看对于这个问题有特别研究的专家所下的定义如何；（3）再看现时的情形又是如何，然后下定义。总之，字的定义，是以题目的内容为转移的。题目里所说的如果是关于法律的事项，就应在法律著作里找定义；如果是关于经济学的事项，就应在经济学著作里找定义。题目属于什么范围，就应在什么知识的范围里去找，并且所找的定义，必须是普遍公认的。

下定义还有一个最要紧的条件，就是"要不悖乎常情"。有些人辩论，惯爱在偏僻地方去找定义，以图利于设辞。但是这种定义，或是过于偏僻，或是过于高深，虽然是对的，也令人怀疑，怕他是故意弄巧。与常识不同的定义，总是难令人心服。至于居心取巧，故意去搜寻利于自己的定义，其不能取信，自然更不用说了。下一个定义，虽然要求其确切，但同时又要求其于情理不悖。除对辩人以外，总要求其能使大家的心里都以为然。

四、使题目变窄

分析工作再进一步，就是使题目变窄，把必须证明之点清理出来。这一步因为题目的定义已经清楚，所以不是很难，但是不尽心去做，也是不行的。这一步里面，包括两项工作：（1）除去无关痛痒的东西；（2）承认无害于论证的东西。

（一）除去无关痛痒的东西

题目里面，有些地方是一定要证明的，有些地方是不必要证明的。把不必要证明的地方挑剔出来，只留下一定要证明的地方，就是这一步所要做的事。换一句话说，就是要除去无关痛痒的东西。例如辩论"对于烟酒贸易，与其准行公卖，不如绝对禁止"。不会辩论的人，多半要去证明"饮酒吸烟是不是好习惯"或"饮酒吸烟不能算是不好的习惯"，然后说应不应禁止。其实饮酒吸烟是不是好习惯，虽然与题目有关系，却不是关键。题目的关键，只是烟酒公卖与绝对禁止两个办法，哪一个较佳。辩论人应该直接从这个利害比较的地方入手，找一个简洁明了的解决方法，不必去管什么习惯不习惯。比如说，绝对禁止，在社会方面、政治方面、经济方面，足以生出某些利益；准行公卖，足以生出某些弊病。如此，岂不是直截了当吗？须知道多证一个论点，要多费许多时间和精力。无关紧要的东西，何必费时费力去证明呢？

上面所说的，是与题目略有关系的，不过因为关系不是很重要，所以要尽量剔除出去。这种关系不重要的东西，越少越妙。不单是证明的时候可以少费些力，并且可以使听辩的人容易明白要点在什么地方。至于与题目毫无关系的东西，自然更当一概排除了。

（二）承认无害于论证的东西

不必证明的东西，既不要格外多去证明，那么无害于论证的东西，也不能不承认一些。什么叫承认呢？比如，辩论"美国应采用联邦制"，正方说"我承认联邦制并不是完美无缺的制度，不过就现在……"这便是承认。既承认联邦制不是完美无缺的制度，便可以不去证明它的完美了。但是承认一句话，必须格外小心，必须确实知道承认过后没有什么害处，然后可以承认。不知用意所在的话，绝不可轻易承认。如果轻易承认，对方便往往乘着间隙，利用所承认的话来攻击。这种攻击是最厉害的。承认的话，字句上也要十分斟酌，以免对方穿凿附会，改变原来的意思以来攻击。

若能照这样小心，便不妨多承认一些无关紧要的争论点。承认的东西越多，题目的范围便越小，证明也就更容易。但凡承认什么，都应在开始辩论的时候承认，使别人知道是自愿承认的，并不是因为无辞可措然后才承认的。例如上面所讲的烟酒问题，所要解决的只是看禁止与公卖哪一种办法收效较多，所以两方都可以安安稳稳地承认"两种办法都不是完全无弊的"，或承认"两种办法都不能把喝酒吸烟的毒害免除"。又如辩论"州长应由民选"，正方只须证明民选州长比联邦政府任命更好，或证明民选以外没有别的更好的制度就够了，所以也可以自己承认"民选州长并不是绝对万全的制度"，或承认"民选州长，所选的人不一定都是最好的"。大半主张什么改良计划的人，最好先有这一类的承认，明说所主张的计划，并不是完美无缺、能免一切弊端的计划，不过所能救的弊端比其他一切方法所能救的都较多罢了。

或是除去什么，或是承认什么，总宜用浅显明了的话说个清楚，不必故意雕琢、故弄玄虚。并且应在辩论开始的时候说出，使听者心里觉得所除去的以及所承认的东西都不外是要把题目的真正要领显出来。

五、拿正反两面的论证（理由）来互相对照

上面所说的，都是讲要如何才能把题目的要领找出来。要领既找出来，题目就变成一个问题的形式了，所以问题两个字常用于辩题。例如"在美国营业的人寿保险公司，应归美国联邦政府管理"这个题目，经过几步分析，就可以把它变作一个问题的形式。这个问题就是"人寿保险公司，若改归联邦政府管理，是不是比归各州政府自己管理更好呢？"关键就是要拿"联邦政府管理"和"各州政府管理"两面来比较，正方必须主张"要联邦政府管理"，反方必须主张"要各州政府管理"。两方的形势，本来是平均的。不过因为各州政府管理制是相沿下来的旧制，而联邦政府管理制是一种改革，所以证明的责任是在正方。正方须证明为什么要改革。如果正方的主张不能达到，那么现行的旧制便要依旧继续下去。这是两方对于问题所占的形势不同的地方。

无论什么辩论，从头至尾，总是要正方去证明。这是定理。有些人说："证明的责任不是专在正方，有时也会转移。

比如，正方已经把证据拿出，表面看来已经足够证明题目；并且，为什么应实行新计划的理也已经说透；那么'为什么不应实行新计划'，便应归反方去证明了。此时证明的责任便转移到反方的身上去了。"这个说法是不对的。因为所谓证明，是要证明到底，一直要到没有人再能反对的时候，才算真正的证明。无论从什么地方生出来的反对，只要有了反对，便应该去对付它。所以证明的责任，无论如何都是在正方的身上，绝不会转移。能转移的，不是证明的责任，而是引出证据的责任。比如，正方已经把正面的理由说完，反方的责任便只是引出证据，以表明正方的理由不对，或表明反方的理由更为充分。并不要他证明什么东西。

正反两方的形势既是这样，所以他们持论恰恰相反。若拿辩论所争的那个问题去问他们，他们的答案一定是针锋相对，一反一正。例如人寿保险公司的题目，若问"归联邦政府管理是不是比归各州政府管理更好呢"，正方一定答"是"，反方一定答"不是"。万不能一个说"是"，一个说"另外还有一个更好的办法"。另外还有没有更好的办法，是另外一个问题，不是题目范围以内的东西。

既然知道正方一定说"是"，反方一定说"不是"，分析题目的人会问："为什么正方要主张'是'呢？哪些是正方最重要的理由呢？""为什么反方要主张'不是'呢？哪些又是反方最重要的理由呢？"若把这些理由找出来，又要正面反方面两两比较，题目的要领自然就出来了。题目的要领既找出来，分析这一步便算完工。

比较两面理由的时候，自己对于题目必须绝对除去一切成见，取不偏不倚的态度。不偏不倚的态度，能使人把四方八面的理由都看得周到，乃是难能可贵的。

心里既有了不偏不倚的态度，便可以替正反两面设想，看他们有些什么理由足以阐发他们自己的主张。设想的时候切不可单想自己的一面。单想一面的理由，辩论起来是万万不够的。就是律师准备替人辩护，也一定要想到对手的措辞。有时甚至于要从对方的讼词入手，先把对方的情形和措辞轨道想得十分周详，然后才动手做自己的准备。在辩论里也是如此。有时替对手设想辩词所费的时间，比想自己的辩词所费的时间还多。为什么要这样做呢？不外是兵家所谓"知己知彼，百战百胜"的意思。认真说起来，不单是分析题目应该如此，整个辩论从头至尾，各处都应该如此。

究竟该如何进行比较呢？可用下面的例子说明。美国有一个很重要的辩题，就是"迁入美国的移民，法律上应更加限制"。这个题目的起源，是因为美国从前很欢迎外邦的移民，后来移民渐多，法律上便加了一些限制，不过若干年后，移民还是纷纷不绝，并且许多有害于社会的外国人移民到美国海岸，美国人看着这种情形，大为惊骇，于是有人主张法律上再加限制，所以产生了这个题目。这个题目里的问题，就是"来到美国的移民，要不要禁止一些呢"。正面答"要禁止"，反面答"不要禁止"。若用不偏的态度，便要问："移民入美，为什么要再加限制呢？""正面为什么主张要加限制呢？""反面为什么主张不要加限制呢？"正面有一个最重要的理由，就是说"有些移民，到美国来产生了不好的影响"。因为移民之中，有些是外国的罪犯；有些是无政府主义者；有些带了传染病；有些来到国内，不容易同化，往往在大城市里各自为群，弄出"小德意志""小西班牙""小意大利"等等名称；有些生活质量太低，容易把美国工人的生活质量也拉低；有些不识字，不能做美国的好国民；有些不熟悉情形，容易为城市宵小所欺骗，在政治上产生不良的影响。这些理由，以及此外的种种理由，都可以拿来证实"移民入美，在美国产生不好的结果"。

正面要紧的理由，仔细研究起来，确实不外乎上面所讲这些。在这个地方，不善辩论的人多半把这些理由放在论证里面，便心满意足地以为，自己的主张一定不至于被攻破。

善于辩论的人则不然。他还要用不偏不倚的眼光去把全题的各方面看个周到。试想一想，美国政府为什么以前没有执行比现在更严格的移民政策呢？必定是因为现行政策大家都以为足够了。再想一想为什么他们以为足够了呢？必定是因为现行政策已经足以拒绝最坏的那些移民。再去调查调查，果然不错。再从题目的另一方面看看，美国人为什么要准许移民入境呢？必定是因为移民对于美国有很大的利益。仔细想一想，利益果然不小。美国开垦的事业、发展天然资源的事业，全靠这些移民；移民入境，美国的生产力便增加；移民的工作最有价值；并且他们入国久了，终究可以变成美国国民；他们的子女都要受美国学校的教育，可以变成最爱国的美国青年。这些利益还不大吗？

我们所要解决的问题是"现在移入美国的移民，要不要拒斥一些"。但从上边正反两面的理由来看，在解决这个问题之前，还不能不先解决几个问题："现行的移民政策是不是已经够了呢？""现在迁来的移民是不是全数都是我们（美国人）所需要的呢？""现在迁来的移民，对于美国，是不是确实有不好的影响呢？"如果这些问题的答案都是"是"，那么正面的理论便成立了。如果都是"不是"，那么反面的便成立了。所以题目的关键，其实就包括在这三个问题里面。虽然还可以用许多别的办法表示出来，但若加以分析，终究还是逃不出这三个问题。

要作比较，再进一步就是把两面的论证（或理由）互相对照。下面所举的格式，甚是方便。

题目：移民入境，法律上应更加限制

正面论证

移民入境，法律上应更加限制，因为

（一）移民有害于我国（美国），因为

　　1. 极端的政党，都进来了。

　　2. 移民在城市里人口稠密的地方，往往结成外国人的团体。

　　3. 移民入境使美国工人的生活质量变低。

　　4. 现在准许进来的移民，有许多都不是好国民。

（二）现行的移民政策还不够完善，因为

　　1. 黑手党（一种坏人）① 已经乘机而入，可见坏人未能尽绝。

　　2. 有传染病的人也进来了。

　　3. 轮船常常帮助坏人逃避移民政策。

　　4. 穷人也进来了。

---

　　① 黑手党是发源于意大利的秘密社会组织，根据地在西西里。18 世纪，欧洲掀起向美洲的移民浪潮，黑手党人涌向美国，从事职业性的犯罪活动。——编者

（三）我们（美国人）现在不一定需要全数接收移民，因为

　　1.需要工人开垦天然资源的时期已经过去了。

反面论证

移民入境，法律上不应更加限制，因为

（一）移民有益于我国（美国），因为

　　1.最坏的分子，现在已经被拒斥了。

　　2.他们与美国人同化得很快。

　　3.他们的节俭，可以为美国工人的榜样。

　　4.他们终究还是会变成好国民。

（二）现行的移民政策已经够了，因为

　　1.没有哪样政策能把坏人拒斥干净。

　　2.有传染病的人，都没有准许进来。

　　3.海关稽查员严格执行政策。

　　4.穷人并没有进来。

（三）我们现在一定需要全数接收移民，因为

　　1.我们还要他们来开垦未垦的天然资源。

由上面的比较，可得下面的各个要点：

（一）现行的移民政策究竟是有害呢，还是有利呢？（要答这个问题，须先答下面的几个问题。）

　　1.坏的分子究竟有没有被拒斥呢？

2.移民是不是果真同化得很快呢?

3.他们对于美国工人的生活质量,是不是真有不好的影响呢?

4.他们究竟变成了好国民呢,还是变成了坏国民呢?

(二)现行的政策是不是已经够了呢?

1.要想限制最坏的移民分子,现行的政策,事实上是不是一种最有效力的政策呢?

2.有传染病的人,是不是为现行政策所拒斥呢?

3.穷人是不是为现行政策所拒斥呢?

4.现行政策,是不是真正奉行呢?

(三)现在迁来的移民,我们是不是需要全数接收呢?

1.我们现在是不是还要尽力去收容移民来开垦天然资源呢?

经过这一番比较,费了这一番排列,全题的内容便了若指掌了。就是将来正式陈述题中各个要领的时候,这个比较表也可以用作一个基础。分析这一步,可算已告了一个段落。但是还有一个最难破的关头,尚未通过。辩论术里最险的难关,固然不只一个,但是这个关头也是最险的难关之一。要想打过这个关头,必须具有高明周详的判断力。用批评的眼光,把已经分析的题目和所用的分析法,仔细审察一遍,问一问自己："所经的分析，是不是周到无遗的分析呢？是不是已经把辩论的范围，完全都包括在内了呢？"回答了这个问题，才算是把难关打破。即如上面这个例子的分析，就表而论，所拟议的移民政策和这政策大致的效力已经包括在内，现行的移民政策和这政策已有的效力也已经包括在内：可知分析时已经把修改移民政策的题目的全部范围包括无遗，可算是已过昭关的伍子胥了 ①。

我们虽说伍子胥已过昭关，但是分析的结果是否完美，还不忙下最后的判定。分析法中还有两个办法，不妨都用来试一试，看哪一个办法的结果更好。第一个办法就是把题目的问题分为三个方面：（1）政治；（2）社会；（3）经济。从这三方面去发问。"修改移民政策，就政治、社会、经济方面而言，各有些什么利弊呢？"上面分析中所有的材料，仔细审查一下，便知道无论哪一条理由，都可以归入三方面之一。例如，无政府主义者和黑手党两条，便可归入政治方面；同化一条，便可归入社会方面；工人生活质量和开垦天然资源

---

① 伍子胥过昭关一夜白头，是中国历史上著名故事之一。相传伍子胥被楚平王追杀，东行数日到昭关（在今安徽含山）。昭关在两山对峙之间，形势险要，有重兵把守，伍子胥由于东皋公的相助才得以混过昭关，到了吴国。——编者

两条，便可归入经济方面。以这三方面为分析的总纲，有若干题都可以驾驭。

这个分析法，虽然可以驾驭许多辩题，但是有许多地方很难得其恰当。辩论大师多半认为不是一个好办法。即如移民问题，用这个方法分析，便不如用上面所用的方法为妙。因为只分三个方面，便有许多勉强的地方，有许多说不定的地方。例如"移民在大城市里各自为群，弄出'小德意志''小西班牙''小意大利'等等名称"这一条，归入政治讨论也可，归入社会讨论也可，就是归入经济讨论，亦无不可。所以在政治方面要讨论到，在社会方面要讨论到，在经济方面也要讨论到。一件事情，要讨论三次，岂不是累赘吗？并且因为有这种弊病，分部的界限也反倒弄得不明；各方面互相交错、互相掩盖，甚有碍于清晰严格的思考。所以这种分法，实际辩论最好不用。不过是在分析的时候，可以用来审查其他方法的结果周全不周全罢了。

第二个办法，也是把题目的问题分为三个方面，不过三方面的性质与第一个办法的不同。第一，是问："所主张的办法，是不是必不可少的？"第二，是问："所主张的办法，是不是可以实行的？"第三，是问："所主张的办法，是不是合乎正义的？"简单说，就是：（1）必要；（2）可以实行；（3）合乎正义。能用这个方法分析的题目很多，主张采用新制变更旧法之类的问题，差不多全是用这个方法。例如"美国应采联邦制""学校应废止考试"等题目，都可以用这个方法。

上面这两个办法，用起来虽然省事，但大家绝不可养成专靠成法的习惯。分析题目，要看清题目的关键。什么方法清楚合适，便用什么方法。

【概要】分析的步骤

1. 知道题目的大概。

2. 追溯问题的起源与历史。

3. 确定字的定义。

4. 使题目变窄。

（1）除去无关痛痒的东西。

（2）承认无害于论证的东西。

5. 拿正反两面的论证（理由）来互相对照。

题目的要领

上面所讲的分析不外是要把题目的要领找出来。题目的要领既找出来，便应设法排列，把要领中的各点定出先后的次序。排列时须注意两个条件：

1. 要合逻辑学的次序。

2. 要使一层更比一层紧。

这两个条件的意思就是说，排列一篇论证，不要颠三倒四；同时又要设法把最有力、最精彩的部分放在后面，稍轻稍缓的放在前面。这两个条件也有不能兼顾的时候，但是总以兼顾为佳。例如，移民问题所有的三个要领，依这个标准排起来，便应如下：

1. 执行的政策还不完善。

2. 现在迁来的移民，我们（美国人）并不需要全数接收。

3. 现在的移民制有害于美国。

最后这个结果便算是遍观全题、兼察两面所得的结果。如果分析确实已做到位，这个结果便用不着再加更改，完全可以用了。有时因为调查越深，证据越多，题目的内容越熟，第一次做出来的分析里有些小的地方也不能不稍微改换。但是凡遇改换的地方，必须特别留意，因为调查太细密的时候，每每倒把题目的大意失掉，既已把大意失掉，分析便没有价值。所以题目的纲领，必须记在心中。初学的人还须记着，已完成的分析不妨修改。即令把第一次所拟的完全更改，也是无妨的。虽然多费些时间，但是第一次分析所费的工夫并不冤枉。无论做什么调查，预先不拟定一个草创的计划以作基础，是万不能着手的。没有第一次的基础，哪里把分析做到位呢？不把分析做到位，哪里能找出自己的错误呢？所以更改原拟的分析，并不是费冤枉工夫。总之，分析虽完，也不可自满，还应存一个虚心，遇着可以使自己的分析更加清楚、更加简洁、更加强劲的东西，都应该容纳，应该更正。

第 4 章 证 据

分析虽然已经把题目的要领找出，但是这些要领，无论属于正面还是属于反面，都还要有事实上的证据来证明才行。所谓证据，就是用来证明一个题目真伪的材料。"证据"的意义与"证明"的意义不同。"证明"是"证据"所生的结果，"证据"是"证明"所用的材料。无论证明什么事，都要有充分的证据才行。这种区别，凡学辩论的都应记在心里。还要知道，要证明一句话，不是只用一个事实便能证明的。如果一个事实就能把它证明，除非只凭这一个事实便足以使这句话的真理成立。不然，一个事实便只能算是可以证实这句话的各个证据里的一个证据。换一句话说，就是"一个证明，多半是许多证据合成的"。不可不将其认个清楚。切不可得了一个证据，便以为是一个完全的证明了。

分析题目之后最重要的工作就是要设法引出证据，证明要领，使自己的主张成立。但是，证据应该到什么地方去找呢？要解决这个问题，不能不把以下所列的几步工作一步一步地做到。

证据材料的来源

一、自己的知识

搜求证据，在未向外求以前，须先问一问自己的知识如何，自己对于辩题，所知的究竟有多少。自己所知的，哪些可算是确切的知识，哪些只能算是个人的推测。自己问自己的时候，务必把确切的知识和个人的推测分得清楚。自己能拿出证据来证明的知识，才算确切的知识。如果只是"想当然"，便是一种推测。证据里面，只有确切的知识可用，"想当然"的推测是不可用的。

二、访谈

亲身去问人，叫做访谈。乡土问题，以访谈法为最方便。不单是容易实行，并且很有价值。所访的人，必须与所辩的问题有关系；或者他所处的地位对于所辩的问题应有确切的知识；或者他对于所辩的题目，自己正在研究、正在讨论。访问这一类人，不单有希望得到答复，并且可以得到有价值的事实、理由、意见；不单可以得到有价值的事实、理由、意见，并且可以知道别的还有些什么地方可以找出材料。例如辩论废止考试问题，若去访问教师，一定可以得到很好的结果。

关于商务赋税、政治、经济、教育等类的问题，应该去访问名人专家等。他们的意见是很有研究价值的。他们的话可不可引来作为论证的根据，自然要看所谈的东西是不是他们的专长；但是无论如何，虽不一定可作为论证的根据，也总是有很大的用处。至于以事实为根据的推理，其能否成立，乃是在于推理方法如何，不管是谁说的话。所以就是不著名的人，只要他知识广博，只要他所说的话是根据事实，便有用。访问这一类人，还可以增加许多新见解，可以使看题的眼光放宽。眼光放宽了，对于以后的调查，大有益处。

访谈法易操作，很经济，收效很大。练习辩论的人，切不可轻视。总要先把可以访问的地方都去访问完了，然后做下一步。

三、联络

辩论人如果知道哪些名人对于辩题的事项有特别的研究，便可写信、发邮件、打电话去问他们。这种沟通，必须简洁明了。要问什么，就写什么，不可拖泥带水。问题的字句，要简单明了。此番联络的用意，也要声明。

联络的办法，哪怕用于素无往来的地方，也不必觉得不自然，不要害怕没有回音。就是政府的机关，也可以去请教。此外还有各种企事业单位、会社、学校、团体，多都乐于答复。

四、报纸杂志

时人所关心的题目，大概都可以在报纸杂志里找出有价值的材料。现在把搜寻材料的手续略说一二。

搜寻材料时，先把报纸杂志的目录看过一遍，看哪几篇文章似乎与辩题有关系，便把那些文章的题目和所在的地方细细抄下来。然后再选最有价值的看。哪些是最有价值的呢？就是直接讨论辩题要领的和著名专家所著的，再加上有事实的证据和确实的调查的。

五、专著

可靠的百科全书、参考书、教科书，以及名人专家讨论特别问题的著作，都叫做专著。专著里的材料，有价值的很多，尤其以风行社会的为好。在这种书里去寻材料，须先看书名，后看书里的目录，选择与辩题有关的地方去看。作者著名不著名，也是要留意的。

六、特别文件

（一）各种会社所出的报告及论说

向各种会社索取报告书等类的文件，多半用联络法。如需对方寄送纸质资料或书刊文件，联络时需支付往来邮寄费或购买费，并宜把辩论的会名、校名或辩论队的队名印在信笺上。所要的文件，拿来作何用，也应声明。

（二）政府的公文报告

政府的公文报告在证据里可算是最有价值的材料。不但精确可靠，并且很有说服力，不容易驳倒。例如"教育法令""政府工作报告""人口普查公报"等等，都可以作为最有用的参考。辩论的人，平时应留心这一类公文报告的出处，以便临时得用。

搜罗材料这步，初学时多半觉得很不容易。有时不知门径，费了许多工夫，还不能得到一点儿材料。虽然如此，切不可以为是费力不讨好。因为这一次虽然费了这许多无用的工夫，但是所翻的书多了，所见的东西也更丰富了，将来要找什么材料，便知道应该在什么地方找了。并且书籍浩如烟海，搜罗材料，必须具备一种"涉猎"的能力。多练习搜罗材料的本领，可以大大增加"浏览"的速度，对于自己将来是很有用的。

【概要】证据材料的来源

1. 自己的知识

2. 访谈

3.联络

4.报纸杂志

5.专著

6.特别文件

（1）各种会社所出的报告及论说

（2）政府的公文报告

证据材料的记录法

既然知道什么地方可以找出证据的材料，便可以搜罗了。但是搜罗的时候，遇着有用的材料，必须有一个系统的办法把它们记录下来。这便是本节所讲的记录法。为什么必须记录呢？一是因为单凭记忆，不能记忆许多东西。二是因为要把所有的材料都依一定的格式写出来，才便于使用。这第二层原因，大家把本书第五、六、七等章学过，就可以知道。

凡记录证据，都应该把所得的材料用自己的话语写出。合于自己的格式，将来才便于使用。

预备辩论的时候，无论从什么地方得来的材料，都应该一律记录。就是自己心里的意思，也应该随时想到，随时便记下来。访谈时所得的意见或事实，都应该在谈话的时候，或在谈话以后，立刻记下。在谈话以后做笔记，比在谈话时做笔记更方便，因为谈话时可用全副精神去听所讲的话，不至于分心。通过联络所得的材料，哪怕是已经写在纸上的，也要依自己所定的格式另抄一次，用时才便利。至于从书报杂志中得来的材料，非用笔记不可。读书所用的笔记法，多半是先把所看的材料看完，然后依自己的想法择要记录。若遇很重要的东西，以及可以直接引用的话语，便应随看随录。还有些材料，似乎与题目没有直接关系，但是到了后来每每用得着。这种材料也应该记下。

所记的记录必须完全。这并不是说要形式完全，而是要所取的材料完全。例如在这本书里找出山东的教育经费数，在那本书里又找出湖北的教育经费数，又在别的书里找出其他各省的教育经费数，把这些零碎的记载合成一个各省教育经费统计表，便算完全。这就是所谓"完全"的意思。分看各书的时候，把所看的命脉地方简单记录。除此分记以外，还应逐时思索。有时平空生了新思路，有时分记的材料因思索而生了新关系，这些东西也应该记下来，然后才能把所有的材料融汇贯通。总之，看书是活泼的，不可弄成死板的。从书里得来的知识，不单是要装在脑袋里，并且要使它融化。

记录证据，须守以下的规则：

一、用同样大小的小卡片

记录证据所用的纸，面积宜小，并且每张大小都应相等。通常所用的杂记本子以及大张纸都不宜用。因为杂记本子是订死了的，看书的时候，随看随记，很不便排列次序。大张的纸，一张里要记许多杂事，也不便利。若用小张的纸，便很灵活，将来也便于分类，便于排列。最方便的篇幅，大约长只要 13 厘米，宽只要 8 厘米。每张同样大小。

二、每张卡片只写一件事

一张卡片，绝不可写几件事。虽是关系很密切的几个事实，也应各写一张，因为到了用的时候，这种关系，往往因用法不同，变成了不重要的关系，或把原有的关系完全都失掉了。例如两个事实，原来的关系虽很密切，但是这个事实可以拿来证明这个理由，那个事实却可以拿来证明另一理由。如果写在一张卡片上，就不便于分类。所以有时一张卡片上虽然有很宽的空白，依然应只写一件事。这一条规则对于编"要略"很重要。

一张卡片写一件事，若写不完，也不可写得太挤太密，应另用一张接着写。

三、每张卡片只写一面

只写一面，不单是便于清理、便于排列，并且辩论时若要拿在手里，也便于看。有时因为节约用纸，写在两面，遂把背面所写的忘却了，岂不是得不偿失吗?

四、卡片上所写的意思，须用最简单直接的语法

看书记录，不可抄书。须看书上的东西和我所要的东西是什么关系，然后选择性地填写。所以长篇大文，要能缩短；叙述一个意思，要能用简洁的笔墨；遇着零散材料，要能择其要领。这种练习，非常有益于增强自己的能力。

五、每张卡片上的东西，都要独立、完整

如果叙述法简洁，并且得了要领，每张卡片上的东西便自然容易独立、完整。上面说过，每张卡片只可写一件事，遇着写不上的时候可以接着另写一张。但是一件事分写几张，很不方便。不得已的时候，非写几张不可，便应在每张卡片上注明号码，表明第一、第二……的次序。这种一连几张的卡片，合称为"组"。成组的卡片只可与成组的卡片放在一块，不可与单张的相混。几组放在一块的时候，各组须有特别号码，以便认识。例如第一组的各张记明甲一、甲二、甲三、甲四……第二组的各张记明乙一、乙二、乙三、乙四……各组的次序，须依各组在论证里的先后而定。

这种号码分组法虽然可用，但是凡遇一个单一的事实、单一的意思、单一的理由，总宜用灵便的方法，竭力缩短，

使它能写在一张卡片上。照这样做，不单是证据可以做成很便当的形式，并且所有的材料都可以弄得很熟。

遇着引用话语，也应该照这样办。引用语大概长的很少。遇着长的，只须把特别清晰、特别有力的句子摘录下来。凡引用语，均应加引号特别标注。中间省略的地方，须用省略号表明。略变原文或附加己意的地方，须用括号表明。

六、卡片上若写驳论材料，须在卡片的上方写明所驳的原论

所驳的原论（就是对辩人的理由），有时只须一二字便能写明，但是通常须把全文写出（即写成一句完整的话），这样可以避免出错。这种驳论材料，无论在主要辩词里，还是在复辩辩词里，都是很有用的。

七、每张卡片的上方，应写一个标题

卡片里所写的是什么材料，应该在卡片上方写出一个标题。标题不宜用宽泛语，应与材料的内容恰相符合。如果材料内容与分析辩题所得的某要领相近，便可直接用这个要领的名称做标题。若与要领不相近，便只得另想标题的名称。标题写好，便容易分类。例如辩题里有三个要领：（1）"必要"；（2）"可以实行"；（3）"合于正义"。假设有一张卡片，上面写的是正面的主张所要补救的一个弊端，那么这张卡片

便应归入第一个要领"必要"的范围里面。（因为有弊端，所以正面的计划是不可少的。可见弊端与"必要"的关系甚密。所以弊端应归入"必要"的范围。）

如果辩题的某要领所包很宽，卡片上的材料虽是属于这个要领，却只是这要领中的一小部，范围太小，不能与要领的名称相符，那么卡片上便应另用小标题，不能将就要领的宽泛名称。例如第一个要领"必要"里面，便可以分为"政治上的必要""社会上的必要"和"经济上的必要"三个方面。属于"必要"的卡片，有些近于政治，有些近于社会，有些近于经济，便可各因其所近，分归三方面之中，各以其所归入的方面为标题。标题照这样写，将来编要略的时候，便可把以"政治的必要"为标题的卡片，集在一块，以"社会的必要"为标题的，又集在一块，以"经济的必要"为标题的，又另集在一块，然后把这政治、社会、经济三束卡片放在"必要"的总标题之下。

八、材料的来源须在卡片的下方注明

材料的来源，应该在记录材料的时候，随时注明。不然，若要参考原书，便很费事，有时甚至找不出来，不知是从什么地方得来的。并且用在论证里，有时说不出来源，甚至不能取信于人。注明出处，不单是可以知道是从什么地方来的，并且以后若再要更详细的参考，也便于寻找。由谈话和联络得来的材料，应把谈话人或发送人的姓名、谈话或发送的日期地点一概记上。由杂志里得来的材料，应注明杂志的名称、卷数、期数、页数，和著作人的姓名或编辑部的称号。此外书籍文件，可以类推。

下面的图表，是表明记录卡片的格式。

标题	著作人姓名
证据材料	
材料的来源	

日本教育近况	姜琦
据其所表方针，（1）建筑设备改良，（2）体育运动，（3）注意/保持卫生，（4）疾病预防及治疗。	
《新教育》第二卷第四期第 465 页	

上面第一个图表，是卡片的格式，表示什么地方应该写什么东西。第二个图表是一张已经写好了的卡片，所辩的题目是"中国教育扩充的办法，应仿效日本最近的设施"。题里的要领，有一个是"日本近来扩充教育的办法不善"。第二个图表的卡片里所写的，就是这个要领的范围以内的材料。

练习辩论者在搜集材料之前，就应该备就整齐卡片。卡片不可太薄太软。若能印就格式，更佳。一到下手搜集材料，便须用这种卡片，依照格式记录。切不可先用潦草的办法记录，然后另抄一次。另外誊写，是枉费工夫。

【概要】记录证据材料的规则

1. 用同样大小的小卡片。

2. 每张卡片只写一件事。

3. 每张卡片只写一面。

4. 卡片上所写的意思，须用最简单直接的语法。

5. 每张卡片上的东西，都要独立、完整。

6. 卡片上若写驳论材料，须在卡片的上方写明所驳的原论。

7. 每张卡片的上方，应写一个标题。

8. 材料的来源须在卡片的下方注明。

选择证据

选择证据的意思，就是把要用在论证里的证据选择出来。本来搜集证据的材料，范围广泛，凡有关系的都收。本章第一节所讲的规则，虽然严密，但是这样广泛驳杂的材料，若

能再经一轮筛选，岂不是更纯洁更可靠吗？本节所论，就是
如何做出取舍。目的在使所选的证据，一概可靠。凡符合本
节六条规则的材料，至少也有八九分可靠。

辩论的胜负，大半是靠着论证的强弱；论证的强弱，又
是靠着证据的虚实；所以凡是证据，都非切实不可。大家不
可不特别注意。

选择证据，须依以下规则：

一、证据必须有最可靠的出处，可以探本溯源

本章第一节里已经说过，凡搜集证据必须从最可靠的地
方搜集。证据的价值，与来源的可靠不可靠，有很大关系。
所以无论什么证据，总要有一个确切的出处。没有出处的证
据，在辩论里完全没有价值。有些事实，单说来自报纸上的
记载，在辩论里没有什么价值。必须追根究底，看它是由什
么杂志文书而来。应在出版物或报告书里找出，然后才算是
有价值的证据。

总之，无论什么事实，总以追根究底，求得最初的出处
为妙。由口头至报纸，由报纸至专业刊物，由专业刊物至政
府公文、权威报告，一层更进一层，寻到不可再寻的地方，
才算是来源所在。得了来源所在，然后把书名、卷数、页数
等记明，作为可用的材料。引用个人意见的时候，也应依这

原则。所引的人学问越深，能力越大，声望越高，他的意见也就越有价值。

世界上随便哪一种人事，随便哪一种知识，差不多都有些特别出色的人物。他们的特长，乃是经大家承认，认为有立言资格的。引用这种人的话，并且引用他们专长范围以内的话，在辩论里最具说服力。例如关于教育学说，引了杜威的话；关于哲学，引了罗素、蔡元培、博格森的话；关于文学，引了章太炎、严复、胡适之的话……虽然不是天经地义，但很有份量。

引用名人的话，固然可以提升论证的价值，但是专靠名人的话做立论的基础，却不是正路。有一个五岁的小孩，说"地球是圆的"。别人问他怎么知道地球是圆的，他说："我有三个证据。第一，我父亲说地球是圆的。第二，我母亲说地球是圆的。第三，我老师说地球是圆的。"这种专赖人言的论证法，当然是一个笑话。从前许多人辩论，多半爱引圣贤名人的话作为证据，仿佛他们说的话就是天经地义一般。这与五岁的小孩，恰是一样。并且引孟子主张性善，我偏要引告子主张性恶。你有古人的证据，我也有古人的证据，你又有什么办法可以胜我呢？人类的智识，一天比一天更发达；科学的精神，也一天比一天更盛。所有言论和见解都会趋于理性，而非墨守成规，或盲目迷信之前的言论。辩论者如果只知引用大学问家的现成话，绝不能胜券在握。所以名人的话，只可以引来作为立论的帮助，不可以引来作为立论的根基；只可以用来加重论证的斤两，不可以当作证明题目的证据。

二、引用一个人的话，一定要确保这个人对于所求证之事素无偏见、完全知晓，并且有专家的铁证

前节已经说过，名人的话，可以看作可靠的材料，但这是就普通而言。其实谁的话可靠，谁的话不可靠，并不是人人一致，为全世界所公认的。就是名人以外，也还有一种人，虽然不著名，但是因为他任过某个职位，做过某种事业，对于某件事曾经亲自调查，对于某件事曾经特别研究，因种种地位不同的关系，他所说的有些话也很有价值，可以用在论证里面。

无论什么主张，什么事实，如果不是由素无偏见的人说出来的，总难取信于人。所谓偏见，不必是原来主张的人真有偏见；有时是因为他所处的位置不同，令人不能不疑他有偏见。例如美国众议院的议员主张"众议院议员月薪应该增加"。这种主张，有时未尝不是出于改良的诚意，但是因为主张的人自己是一个议员，所主张的议案与他本身的利害有直接关系，总难免令人怀疑，以为他纯是为自己的利益。又如某公司老总的子女也在该公司工作，恰好又担任某个重要的职位，那么这件事本身也难免令人怀疑。总之，凡有嫌疑的人所说的话，虽然有理，也不宜引用。这种话用在论证里，最易受驳。即令很难驳倒，但是总不免使听辩的人生出一种将信将疑的心理。所以引用别人的话，必须其人显然没有偏见，然后足以取信。这是第一层应注意的。

第二层应注意的，就是所引的人必须对于所引的事实明知透晓。通常多有因为某人处于某职位，大家就认为他对于某事的知识很完备。知识不完备的人（对于某一件事而言）所说的话不可引用。

第三层应注意的，就是所引的人还要对于所说的事项有专家的铁证。地球是圆的，天文学家有专门的铁证；高等动物是由低等动物进化而来的，生物学家有专门的铁证。各种事项，各有所属的专家。从专家引来的话，不怕没有铁证。辩论人应该注意的，只是凡引专家的话总要引他所专的东西。经济学的问题，不可引化学家的话来作为证据。化学问题，也不可引经济学家的话来作为证据。总之，引用一个人的话，引用时最好预先证明这个人是毫无偏见的，其次证明他是透彻事实的，其次再证明他拿得出专家的铁证。

三、凡证据都要检查过，看有没有附带的情形以增加证据的分量

什么叫附带的情形呢？例如某快餐店一直坚称本店食品无反式脂肪，无过多动物油脂，并非所传的那样不健康；但同时又在自家员工健康页面上，一度警告不要吃本店的汉堡、薯条等一系列油炸食品，多吃一些沙拉、三明治之类的更健康的食品。这与该店宣传的截然相反。驳他的人便可引用该店的宣传广告作为依据。这种证据，因为是他自己说出来的，又自相矛盾，所以威力更大。所谓附带情形，就是这个意思。

此外还有一种热心公益、开诚布公的人，说话也往往与自己的利益相冲突。这种话在论证里也可以用作很有价值的证据。说这种话的人，在说话的时候，多半只想到对与不对，没有想到自己的利益。例如一个市民赞成在城里修一条高架铁路，以为这条高架铁路一成，可免街市的拥挤，很有补于公益。殊不知后来铁路的路线采定，竟大大损害了他的营业，以至于不可挽回。这时虽然想要改变主张，却是从前的话已被他人拿住，哪怕再说得天花乱坠，也无济于事。一言已出，不能收回。这一类的例子，都是教人利用附带的情形。

有些时候，对辩人引了一个名人的话，证明他的论证。但是这个名人的意见后来又有变更，曾经在某处另外发表过

更详的意见，为对辩人所忽视。遇着这种时候，便可就将他后来所发表的意见去驳对辩人。例如某教育家先主张演讲式的教学法，后来有了特别经验，又主张自习式的教学法，对辩人不知道他已经改变主张，引用了他从前的话。我便可以利用这个机会，引用他后来所说的话去驳。这种将话就话的驳法，最有效力。

上面所举的例子，不过是要引人时时留心，凡遇有利于自己的论证的证据，便当利用。这一类的例子多得很，不能一一举出。

四、选择证据，要公平、合情理

无论为公益辩护还是为私事辩护，总要尊重正义以作为论证的基础。所以选择证据，应该特别留心，看所选的证据公平不公平、合不合情理。不用公平的证据，绝不会占什么便宜。引用事实或引用他人的意见，绝不可失掉原意。有些人惯于取巧，一句现成的话，经他的口里引出来，差不多随便什么论点，都能辩护。就是确实的统计表，他也善于穿凿。一张统计表，他拿来省略一些，或设法颠倒配合，简直可以淆乱黑白、颠倒是非。例如有人要证明"中国近年来乡下的居民渐少，城市的居民渐多"。假设统计表中，只有云南的大理、四川的成都、湖北的荆州、河北的涿州等处城市的居民增多，乡下的居民减少，则其余的地方，多半是相反。他论证的时候，不提别的地方，只说出这四个地方的确数。并且这四个地方不是在一省，而是一在西南，二在中部，一在北部。北部、中部、西南都有这种情形，可见全国的情形也是如此。这种引证法，表面虽似乎有理，其实是虚的。大家万不可如此。

选择证据，不单是要公平，并且要合情理。人人都有点儿常识，人人都有些经验。反乎常识、违乎经验的证据，便是不合情理。不合情理的证据，多半不能使人信服。所以凡与经验常识相反的话，都不可用。如果要用，除非是有铁石证据，驳无可驳才可。有时我们举例，总喜欢举最动观听的例子。最动观听的例子，对于辩论固然效用很大，有时可以使听辩的人心理受极强的影响，但是有时因为太过夸张，便令人怀疑，以为是不可能的事。遇着这种时候，非有极稳、极实的证据来做靠山不可。

有些证据，引用时若能显出是在情理之中，其价值便比寻常更大。若再能把附带的环境说明，什么是因，什么是果，在什么境遇之下，应有怎样的事实发生，那么一说出去，听者便一定相信。

总之，无论什么证据，总要由"公平"与"情理"两方面着想。若只图巧辩，不管所用的证据公平不公平、合不合情理，那便是所谓"小人之术"，名誉何在？学生的责任在寻求真理，对于这一点尤其要注意。

五、反对者的主张和论辞，都应该考虑到

无论什么辩词，都含有一个反面。即令没有积极的反对，消极的反对是一定有的。例如主张改革，便有守旧派的反对。还有人心存成见，难以理喻，有人怀疑新制，总以为是"靠不住的"。这些阻力，非把它们战胜不可。在"分析"里面，我们已经讲过正反两面的争论点应该如何寻出。反对者的理由，绝不可轻视。选择证据的时候，也应该从这个地方着眼。选择一个证据，总要想一面可以使自己的观点成立，一面又可以把对方的理由攻破。如此一箭双雕，不单在时间与材料上划算，并且可以占许多便宜。

六、所选的证据，必须最能感动听者

演述一个论证，演述者切不可专以自己的见解为标准，以定证据的价值。你以为某个证据是最适宜的，也许听者以为不对；你以为某个证据很不中用，也许听者以为很有价值。所以要设身处地，揣摩听者的心理。假设自己是居于听者的地位，再想一想"登台的人要有些什么证据，才能说服我、感动我，使我与他采取一致的行动呢"。设想的时候，要

忘记自己的辩论员身份，极力揣摩听者的好恶，考究听者的利害关系，然后可以知道辩词应该如何下手，证据应该如何选择。这一层工作，在论证里也算难关之一，与胜负也很有关系。

引证措词，虽然要研究听者的心理，但不可欺骗。自己明知是不对的理由，不可因听者心有所蔽，便拿去骗他们。如果只顾迎合听者心理，不顾颠倒是非，那便是犯了欺世惑人的大罪，不是君子所为。所以一方面要求合听者的心理，一方面还要不失其为正直。

揣测心理，在引用他人的话的时候，最为重要。对一个人说话，要想说服他，便须引用他平时所最佩服、最相信的人所做的事或所说的话来为例。比如，要想说服王某，劝他做一件事。如果赵某是王某最好的朋友，或是他的老师，赵某的一言一行都是王某所佩服的，赵某的见解也是王某所崇拜的，那么赵某从前说过的话或做过的事，便都可以引来感动王某。但引用时第一不可捏造，第二不可改换原意。

俗话说"见什么人，说什么话"，这是很有道理的。如按性别分，男士话题一般包含游戏、体育等，女士话题则较多涉及美容化妆、娱乐、购物等。对男士讲话，可多谈及电竞比赛或乔丹等知名体育明星；对女士谈话，可多提及网购达人、美妆博主等话题。此外，在什么团体里讲话，应引用什么团体所共尊的人的言语。农民、工人、商人、政治团体、学生、教会、市民等等，所崇拜的各有不同。总宜见机行事。

选择证据的规则，就是以上所举的六条。这六条规则，必须严格遵守；并且要练成习惯，随便做去，都能合于规则。单是把规则记熟，能在教室里对答教师、应付考试，是不够的；必须能运用自如，才算有用。总之，先要把规则记得纯熟，选择证据的时候，遇着一个证据不必再去想应该用什么规则去套它。如此练习，很容易练到运用自如的地步。

【概要】选择证据的规则

1. 证据必须有最可靠的出处，可以探本溯源。

2. 引用一个人的话，一定要确保这个人对于所求证之事素无偏见、完全知晓，并且有专家的铁证。

3. 凡证据都要检查过，看有没有附带的情形以增加证据的分量。

4. 选择证据，要公平、合情理。

5. 反对者的主张和论辞，都应该考虑到。

6. 所选的证据，必须最能感动听者。

证据的分量

调查证据，如果所得的材料还不够证明题目，切不可中止调查。但是，证明一个题目，究竟要多少证据才够呢？要回答这个问题，还须仔细研究一下。论证这东西，我们既把它看作一个应用的技术，既把它当作一种技术来研究，而这个技术的最终目的又是"动作"，那么倘若我们的论证还不能使听者有所动作，我们所有的证据便是不够。证据够不够，完全是看它能不能产生作用。所以证据的分量，会因不同的时间、地点、场合而有所不同。辩论人必须看所辩的题与听者的关系如何、轻重如何，听者的成见如何、利害如何，把这一类的事与各方面的种种情形想个周到，然后用自己的判断力，决定究竟要用若干证据才能有效。这是就实际应用辩论术的时候而言。如果在辩论比赛场中，优劣只是由几个裁判员决定，那么方法又稍微不同一点。裁判员没有什么利害关系，也没有什么成见在心，他所要的不过是一个可以成立的结论，所以只依下面的规则就够了：

"引出充分的证据，使素无成见的人听着，能感到满足，认为合于道理。"这个规则，是一个基本的规则。不单是辩论比赛时可用为决定证据的分量的标准，就是实际辩论，也可以用，不过须加两个条件罢了：

1. 遇有利害关系作梗的时候，须引出证据，把利害关系打破；遇有成见作梗的时候，须引出证据，把成见化除。

2. 如果辩论的目的是要使听者产生实际的动作，便须另引可以使听者产生实际动作的证据。

加了这两个条件，这个基本规则便可以随地应用了。决定证据的多少，只须问以下几个问题：

1. 所有的证据能不能说服没有偏见的人呢？

2. 若有偏见或利害关系，能不能把它打消呢？

3. 能不能使听者产生实际动作呢？

如果这三个问题的答案都是肯定的，自己便知道证据已经够了。至于日常生活中的道理，为常人所共知的，当然不必去引证据来证明。例如说"秦皇汉武都好大喜功""中国北方的房屋没有南方的高朗"……这些事实都是人人所共知的。又如"两百岁的人，必然是已经死了的"，这种可以推想而知的事，也用不着去证明。

定所需证据的多少，有时还要看一看证据的来源。单从一个地方得来的证据，不可过于专信。人的天性多半自以为是。要想他相信别人的理由，除非张也这么说，李也这么说，许多不相干的人不谋而合都是这么说，然后不能不相信。搜集证据的地方越宽，显见得调查的工作越精；大家都是众口一辞，显见得其中必有真理。所以从一个地方引来的证据，不算够；必须从许多地方引来，才算够。

本章所论搜集证据的方法，不单是在论证术里有用。其他例如做生意的人要调查关于商业的什么事件，律师要调查关于法律的什么情形，无论什么地方，只要是关于调查的事，本章所讲的方法，都有很大的帮助。

学辩论的人遵守本章的规则，必须一丝不苟。凡可访查的证据出处，都应该去访查。照着记录证据的方法记录下来。已经记录的证据，又须仔细研究，依照选择证据的办法，选择一次。选择过后，必须自己觉得自己论证里的各要领都有了足够的证据，确实能够成立，然后算是完工。这一步工作结束了，才能再进一步，讲到编要略的方法。

第 5 章　编要略

做文章的人，通常要把全篇的布局拟出一个大纲。这个大纲，好像造房屋所起的架子。有了架子，再填写字句，然后成为文章。这种架子，在辩论术里，叫做要略。辩论人编辩词的要略，也是和木匠造房屋的架子一般。

编要略是一步最有趣味的工作。一切证据材料，都已罗列眼前。难的工作已经做过，现在只是要把杂乱无序的东西清出头绪来。左右支配，可以任意自由驰骋心力，是何等的快意！在这个地方，心的支配力与判别力，或强或弱，也可以见出分晓。无论做什么事，做到意顺功成，胜过困难的时候，总不知不觉地高兴起来。辩论人做到编要略这一步，正是高兴的时候。

未学以前，多半以为编要略很难，其实难固然是很难，但是如果以前的工作都做得周到，此时左右逢源，所得的乐趣很多，简直可以忘却一切困难。所以最要紧的，是要把编要略以前的工作步步做好。分析题目和搜集证据，已经把要略所应囊括的一切杂料都备办好了。现在要运用材料，不能不把材料的全局合拢来看，看出一个纲领眉目。要把全局看出一个纲领眉目，不能不从编要略的目的着眼。

要略的目的

要略是辩词的架子，是辩词的纲领，上面已经说过。用房屋来比辩词，要略便是它的间架，有了间架，然后可以装成房屋。用行路来打比方，辩词所欲达的结论，便是路程的目的地，要略便是指示路程的一幅地图。论证应如何进行，全靠要略指示。

辩词没有要略，多半流于浮泛，头尾不相联络，轻重长短的分配也不能得其恰当。有了要略，不但可以使辩词的思路不乱，并且可以把各个证据与各个理由互相的关系呈现得清清楚楚，使全篇辩词有系统、相连贯；种种证据，都可以用在最能充分发挥其效力的地方；轻重缓急，也可以用递进法排列；什么地方应长，什么地方应短，也可以斟酌分配。既知道要略有这些用处，便可以实行编要略的工作了。

编要略的方法

　　着手编要略的时候，必须把所有的材料（已经搜集来记录在卡片上的），都摆在眼前。以前所写的分析图表，也应先定妥贴。若要改变，须在着手编要略以前改变。

　　题目的要领已分析出来，编要略便从这个地方入手。假设辩题是"各州应实行民选州长制"。由分析可知，要想证明这个主张，必须证明三个要领：（1）民选州长制是不可不采用的；（2）民选州长制理论上是很适宜的制度；（3）民选州长制事实上的确可以实行。这三个要领，便须另用三张卡片，分别写上。再用一张卡片写"引论"二字。再用一张写"驳论"二字。共有五张卡片。把这五张卡片，分开摆在桌上，然后把所有的证据卡片分为五类。凡属于"民选州长制是不可不采用的"的材料卡片，都归入（1）类。属于"民选州长制理论上是很适宜的制度"的材料卡片，都归入（2）类。属于"民选州长制事实上的确可以实行"的材料卡片，都归入（3）类。还有论及题目的起源、历史，以及分析所遇的其他情形的材料卡片，都归入"引论"。包含驳论的材料卡片，归入"驳论"。

　　有时一张卡片，似乎可以归到这一类，也可以归到那一类，不知道究竟要归到哪一类才好。遇着这种情形，便只有靠自己的判别力。如果卡片上的材料是很重要的，也不妨重写一张，两类都放进去。等到誊写要略的时候，再度斟酌。这种困难，多半是因为分析题目的时候界限没有划清楚。如果各个要领都是独立的，便少有这种事情发生。分析越清楚，分类越容易。

既照这样把所有的卡片分成五堆，再从各堆里面去逐一审查，相比不分堆数、笼统审查，要容易得多。不用这种方法，恐怕空想了一天，还不如半个小时所做的工作多。

每堆之下，还要看一看可不可再分。例如"民选州长制理论上是很适宜的制度"这一堆卡片，检察一下，便知道"适宜"两个字，可以分为三方面：（1）政治上适宜；（2）社会上适宜；（3）经济上适宜。既有这三方面，便把卡片也照分为三小堆。分法与上面一样。三小堆里面，又可以再分，一直分到不必再分的时候为止。每分一堆，必须加一张卡片，写明本堆的标题，并注明本堆所归的大堆的标题，以便与同等级的各堆并列于所归的大堆之下。几小堆归属于一个大堆，几大堆又归属于一个要领，几个要领相合，再加上引论驳论，便是辩词的全部。分类的工作，算是做完了。

分类既完，便要排列次序。排列次序，有两个原则。第一，须合逻辑学的秩序；第二，须合递进法的秩序。以推理的天然层次为标准，叫做逻辑学的秩序。一步进一步，一层紧一层，叫做递进法的秩序。一篇辩论，虽然有时不能同时合于这两个原则，但是只要不违背第一个原则，总要极力设法兼用第二个原则。若能一面合逻辑学的次序，一面又把轻的列前，重的列后，那便是最好的排列法。例如上面所举的例，"民选州长制是不可不采用的"自然应列第一，因为这个要领是说民选州长制的必要性。既然必要，当然就应实行，所以证明"必要"，就如同为"采用"开了一条路。依逻辑学的秩序，不能不列在最前。"民选州长制事实上的确可以实行"自然应列最后，因为这个要领是说民选州长制的实际性。实际的部分，乃是最有力的部分。要想主张采用一种新制度，非证明"可以实行"不可。把实际的部分列在最后，不但合于递进法的秩序，并且可以在听者的脑子里留一个极强的印象。至于理论的部分，只讲"民选州长制是很好的制度"，自然应排在中间了。各要领的次序既已排完，还应照样排列各要领中的分部，分部以下如法排列，直排到单张卡片为止。

卡片完全排好之后，再进一步，便要把要略正式写出。

编要略的规则

一、要略须分三部分：引论；证明；结论

三部分的长短比例，必须相称。初学的人，多半喜欢把引论弄得太长。全篇辩词，一共只有五页，引论便占了三页，岂不是笑话！普通的规矩，"证明"所占的篇幅应该最长；"引论"应该设法极力缩短，只要能达到引论的目的（详见后续）便行；"结论"应该比"引论"更短。

二、要略里的语句必须完整

要略虽是一个提纲挈领的架子，但里面所用的句子必须完整。不可任意省略，以几个字代一句完整的话。例如有一个句子是"民选州长是实际上办得到的"，在要略里便应照写，不可只写"实际上办得到"。照写全句，可使眉目清楚，一看便知道是什么意思，不至弄错。但是同时又不可不力求简单。一个句子里只可包含一个紧要意思，用最简单直接的句法表达出来。太复杂太冗长的句子，容易混淆，最不宜用。

三、要略里各个句子（或标题）互相的关系，须用数字、号码和抬头法表示

要略里面的话，不是证明题目的直接理由，便是证明题目的间接理由。或直接，或间接，或几层的间接，不可不把

它表明。表明这种关系，用数字、号码、抬头的方法最为清楚。同是直接的理由，其抬头同高，所用的数字号码也一样。同是间接的理由，其抬头另有一个高低，另用一种数字号码。使人举目一看，便知道哪些是大，哪些是小，哪些是主，哪些是从。所用的数字号码，不拘哪种，只要能弄清眉目就可以。下面所举的，是英文辩论常用的符号。

各州应实行民选州长制，因为：

Ⅰ .……，因为
　A.……，因为
　　1.……，因为
　　　a.……，因为
　　　　（1）……，因为
　　　　　（a）……，因为
　　　　　　（x）……，
　　　　　　（y）……，
　B.……，因为
　　1.……，
　　2.……，
Ⅱ .……，因为
　A.……
……
　B.……
……

上面所用的符号和抬头法，差不多随便驾驭什么，都已经够用了。照这样从大至小地排列下去，不管要略有多长，都可以排列出来。各部分的关系，也能看得清楚。

四、"引论"里面，须把题目的要领和分析的方法说出

引论的主要目的，不外是要把题目的要领提出。照前面所讲，分析题目的时候，应该心无偏见。为什么要心无偏见呢？因为分析题目，乃是要想找出一些题目所倚靠的条件，这些条件若能证明，题目的真理便能成立。换一句话说，就是要看"要想证明题目的真理，究竟应该先证明些什么东西"。引论的目的，既是专要叙出题目的要领，那便于列举各个要领以外，只应该把找出要领时所经的过程（就是分析的方法）叙在里面，其他一切都不能掺入。偏护一面的话与尚待证明的话，万不可有。如此，才能显出一种纯粹中立、不偏不倚的态度。

引论切不可长，长了便难免有不相干的东西混在里面。长的引论，在辩论人固然以为可以把题目的历史、环境、定义、界限等等，分得清楚，说得详细。但是过于长了，听的人便不耐烦。听的人所注意的是理由，不是这些琐碎的东西。所以要想使他们听得进去，不如"单刀直入"，一直引到题目的争论点上去。美国有一个辩论家说道："引论要短。无论在营业场中说话，在政治场中说话，在教育场中说话，听者都

是要知道你的主张和理由。快说出你的'因为'，不必多说别的。"

　　分析时所经的实际过程虽然有时很长、很繁，但是在要领找出之后再去把它从头说明，是很容易的事。名家辩论，引论总是很短，只把题稍微一引，便直说到要领上去了，不费一点儿工夫。本来分析的工作，十分细密，十分琐碎，为什么能这样简简单单的便叙述出来呢？因为要想使人懂得所辩的问题，不必一定要把问题的起源，问题的历史，已经承认（让步）的东西，以及两方主要的争论点，一样一样地都去详细讨论。其实，这四样东西，讨论到两样的时候，就已经是不常见的了。分析虽有这种种方面，引论里总宜选一条最简洁、最容易的路。若把所有的分析过程一概写出来，不但是无谓的长，并且把主要论证的地方占去了。比如，你到一个山林里去找某种树。你起初的时候，定了计划，用了有条理的搜寻法，找了三天，才把那树找着。但是那树并不很远，若从山林外面径直走去，只须半小时就可以走到。找到之后，假如你要引别人去看，难道你也要引他们去把你三天所走的弯路都走遍吗？还是径直引他们到树那里去呢？不用说，是要径直引去的。引论的性质，也是如此。寻找要领的时候，虽然费许多方法，走了许多弯路，但是寻得过后，只需叙述一两个手续，指出一两条路径，便可以一直说到要领所在的地方。既然如此，何必把引论拖长，令人讨厌呢？

美国总统林肯履任的时候，正是"奴隶问题"和"南方脱离联邦问题"闹得厉害的时候。林肯属共和党，主张废止奴隶制。道格拉斯属民主党，反对林肯的主张。这个问题就是所谓奴隶问题。那时美国北部诸州都是共和党，南部诸州都是民主党。南方因奴隶问题不能贯彻其主张，便要脱离美国联邦的统治。这就是所谓脱离联邦问题。在这种时候，林肯履任的第一篇演说，可以把这两个问题的起源和经过的情形详细申说，还可以引许多最著名的著作家所下的定义；但是这些都不是引论里最重要的东西。并且他分析问题的时候，一定会想到这些东西不用说别人都已知道了。所以他取一条最简洁的路，一直把他分析所得的要领说出。他在开始时说了一句引子的话，以下使用逐一淘汰法把不相干的东西一件一件地淘汰出去。他说道：

行政方面的事务，没有什么特别争执的地方，现在可以不必讨论。

刚把这句话讲完，便说到"奴隶问题"和"南方脱离联邦问题"的本身上去，其他无关紧要的都淘汰得干干净净。可见引论的性质，宜短不宜长。

　　林肯有一次和道格拉斯辩论奴隶问题，其引论也是很简洁。不过所用的方法是"承认法"，不是上面所说的"淘汰法"。这次的引论，须由两方签字承认，然后成立。共和党和民主党的争论，乃是对于所承认的东西各有不同的解释。林肯说：

　　据《纽约时报》所载，去年秋上议院议员道格拉斯在俄亥俄州哥伦布城演说，曾经说过以下的话："我们的先辈，当着肇造我们的政府的时候，对于这个问题，其见解只有比我们的见解更高更透，难道还不及我们知道得清楚吗？"他这句话我完全承认，并且我就拿这句话来作为我们今天讨论的资料。道格拉斯和他的民主党支派以为我们今天所讨论的问题应该依先辈的见解，我们共和党也以为是应该如此。既是两边都承认，那么我们就可以拿这一句话来作为辩论的起点。但是我只问那些先辈对于这个问题的见解究竟是如何？

　　上面这几句话，全靠用"承认法"引到要领上去。既承认了道格拉斯的话，便不能不用几个定义把话的界限划个清楚。所谓"我们的政府"，就是美国宪法。所谓"先辈"，就是从前制宪时签名于宪法的那39人。所谓他们见到的"问题"，就是"美国宪法是不是禁止中央政府管理奴隶问题呢"。林肯又说："这个问题，道格拉斯所主张的是正面，共和党所主张的是反面。两面争执，生出一个要领。这个要领就与道格拉斯所谓'先辈所见到'的问题，是同一问题。现在我们要问一问这 39 人对于这个问题有没有什么表示。若有表示，请问是如何表示的？"说到这个地方，听者便只等着林肯举出事实来证明这 39 人的表示和意见了。所以他接着就引出证据，证明当时 39 个制宪人，曾经表决主张废止奴隶制。

引论以后的演辞，姑且不管。现在我们只把这个引论的要略正式写出来，看一看里面所包含的究竟是些什么东西。

反方要略

题目：美国中央政府管理奴隶问题，是美国宪法所不许的。

引论

（一）承认的话

　　1. 这个问题，应该依照从前制宪人的见解解决。

（二）文字的定义

　　1. "我们的政府"就是指美国宪法。

　　　　（1）宪法原案。

　　　　（2）修正案。

　　2. "先辈"就是指签名于宪法原案的 39 人。

　　3. 所谓先辈所见到的"问题"，就是"美国中央政府管理奴隶问题，是不是宪法所不许的呢？"

（三）所以真正的问题，就是"制宪人的见解，是不是以为中央政府不能管理奴隶问题？"

正方主张"是"，因为：

1. 从制宪人的言语行为来看，可以知道他们主张不准中央政府干涉奴隶问题。

2. 首届国会，曾经正式废止这个干涉权。

反方主张"不是"，因为：

1. 从制宪人的言语行为来看，可以知道他们主张准中央政府干涉奴隶问题。

2. 首届国会，39 人中有 16 人在会，这会曾经行使过这个干涉权。

（四）上面两方意见的冲突，生出下面的两个争论点（要领）：

1. 制宪人的言语行动，果真曾经明确地表示不准中央干涉奴隶问题吗？

2. 首届国会，既有制宪人的一部分在里面，能了解制宪人的原意，究竟曾经表示过不准中央干涉奴隶问题没有呢？

由上面这个引论看来，可见要略的第一部分应如何简洁了。再看里面的内容，便知道引论里所说的话，都是不偏于一面的。两面争执，总有一个共同承认的地方，辩论者抓住这个地方，便应依推理的步骤，把对方一步一步地引到自己所要拿出的论证上去。至于分析，虽然费了许多手续，但既得要领之后，这些无用的手续，都应该丢开不讲。只把最要紧的手续，简单说出，便应一直讲到证明。

五、"证明"里的纲要语，必须与引论所提出的各个要领一一对应；并应列成理由的形式，以证明题目

要略中所以要有引论，不外要把题目的要领（或争论点）引出来。所以要有"证明"，也不外要把证据引出来证实题目的要领。所以"证明"里所用的各个标题（纲要语），就是引论里的那几个要领。并且这几个要领的语法，都要使人读起来像些'证明题目的'理由。

六、"证明"里每个纲要语下面所列举的各条，必须列成理由的形式，以证明所归属的纲要语

各个纲要语，必须为题目的直接理由。每个纲要语下的各条，也必须为那个纲要语的直接理由。如此递推，一直到最小最低的部分，都是一样。这个逻辑学的构造，从头至尾，不容有丝毫破绽。比如，一条链子，有些部分强，有些部分弱，那么整根链子的强度，便只能与链子中最弱的部分相等。一篇论证，也和一条链子无异，从最细最微的各个零碎事实，一直到题目的本身，如果中间有了一个弱点，有了一个破绽，全篇论证就没用，非另作一篇不可。

本节所讲的规则，可再用一个实例来说明：

要略

题目：学校对于学生的功课，应废止一切有等差的记分法。

引论

（省略）

证明

（一）有等差的记分法，没有存在的价值，因为：

　　1. 有等差的记分法不足以鼓励学生，因为：

　　（1）真有见地的学生，根本上轻视分数，只求实际。

　　（2）自暴自弃的学生，根本上不管分数。

　　（3）资质稍钝的学生，因分数比别人少，便往往甘
　　　　　居下流，没有上达的机会。

　　2. 有等差的记分法对于学生没有真正的好处，因为：

　　（1）有等差的记分法容易使学生顾名忘实。

　　（2）有等差的记分法容易使学生专在学校的必修科
　　　　　的窄范围去用功，不能自由发展其个性的特长。

　　3. 有等差的记分法以外还有更好的鼓励方法，因为：

　　（1）使学生知道所学的东西与实际生活的关系，因
　　　　　而产生好学心。这种方法，比有等差的记分法

更好，因为：

①用这个方法，学生是自动地用功；用有等差
的记分法，学生是被动地用功。

②用这个方法，学生所求的是实际；用有等差
的记分法，学生所求的是虚名。

（2）在教科书里增加有趣的材料，使学生自然高
兴去读。这种方法，比有等差的记分法更好，
因为：

①学生是自动地用功。

②学生用功只知快乐，没有得失心。

（二）有等差的记分法是不公平的，因为：

1.教师记分，多半凭个人的主观意见，有时还凭好恶。

2.教师记分，全靠观察学生的表现而定高低。但是学
生的真实程度，教师观察所及往往并不全面。

3.教师用记分法，投机取巧的学生多半能投其所好，
以取好分数。只求实际的学生，反不如他。

（三）有等差的记分法，违背民主原则，因为：

1.它只鼓励聪明的学生向上，所谓锦上添花。

2.它抑屈天资较钝的学生在下，所谓落井下石。

（四）有等差的记分法，对于学生有许多害处，因为：

1. 它使学生骛虚名。

2. 它使学生因竞争而生嫉妒。

3. 它使学生以不正当的方法去迎合教师。

4. 它缚束学生自由发展的天性。

……（以下从略）

上面要略里"（一）""（二）""（三）""（四）"四个纲要语，乃是表明题目的四个要领，也就是证明题目的四个大理由。"（一）"的下面有"1""2""3"三条，乃是"（一）"的理由。"1."的下面，又有"（1）""（2）""（3）"三条，乃是"1."的理由。以下类推。每个纲要语后面都有"因为"二字，以与其下的各条相关联。各大条的后面，又有"因为"二字，以与其下的各小条相关联。以下也可以类推。总之，一个主要句子和一个附属句子，中间夹"因为"二字，合读起来，必须造成一个完整而相连贯的意思，并且要能显得出逻辑学的关系。例如第"（四）"条，合读起来便是：

有等差的记分法对于学生有许多害处，因为它使学生骛虚名……

本节里所说的"试验法"，乃是改正要略最好的一个指南针。要略里无论哪一部分，都应该用这个方法去试验一下，然后才知道口气对不对。

七、插入驳论的地方，须把所要驳的理由标明

大家读完本书第一编过后，便知道一篇辩论共有两部分。第一部分是由引论、证明、结论三小部分合成，阐发自己的主张，名为"主要辩词"或"建设的论证"。本章所论的就是这一部分，第二部分是答复对手的理由，名为"复辩"。复辩里一面可以攻击对手的论证，一面可以保卫自己的论证。攻击的部分，名为驳论。驳论虽然通常是在复辩之中，但是主要辩词里也可以随地加入。例如，辩论废止有等差的记分法的问题，正方主张应该废止。但是反方有一个最强的理由，就是"倘若废止有等差的记分法，便无以驱使学生用功"。这个理由，在未辩以前，早能料到。若不先把它驳倒，正方的论证便很难成立。遇着这种情形，便须在主要辩词里插入驳论。插入的时候须先想一想，反方的这一条理由是不是真的有碍于我的主要辩词的成立？如果有碍，所碍的究竟是什么地方？找出这个恰当的地方，然后把它插进去。插进去后，还要看逻辑通不通。并且要把所驳的反方理由写明。所下的驳论，也要照他条理由的格式写出。其格式如下：

（一）[驳论]　有人主张有等差的记分法不能废止，

以为倘若废止，便无以驱使学生用功。其实不然。

因为：

1.要使学生用功，还有以下的方法：

　　（1）使学生知道学科与人生的切实关系，因而自
　　　　　愿力学。

　　（2）教科书和其他教材里，增加有趣的材料，
　　　　　使学生得乐忘苦，欲罢不能。

　　还有一个例子，也可以表明插入的驳论的性质。美国总
统的任期是四年。宪法上虽然没有规定不能连任，但第一位
总统华盛顿只连任两期，以后便成了惯例，没有哪个总统连
任到两期以上。到了1880年的选举，纽约州共和党首脑康克
林支持前总统格兰特再次竞选总统。但是格兰特已经连任过
两期。反对的人便以此为辞。以为照华盛顿的先例，总统不
能连任两期以上。当时连任两期，已经成了政治上的惯例，
所以反对党的理由很有势力。康克林知道如此，所以他不但
盛称格兰特的政绩，并且引入驳论如下：

　　（一）［驳论］　有人以为格兰特已连任两期，所以不
　　　　该再任。这个说法，根本上不能成立，因为：

　　1.格兰特连任两期，犹如经过两次试验。我们两次
　　　　试验，两次都看出他是忠于其职的人。因为他忠
　　　　于其职，我们反说以后不能再信任他，这岂不

是一个大笑话吗?

凡主要辩词里插入驳论,都应照上面例子的格式。第一要看这个驳论应该放在哪一个数字号码下面;第二要在数字号码的右边写"驳论"二字;第三再把反对的主张写在后面,"有人主张……这个主张不能成立,因为……"本章末尾有一个完整的要略,可供参考。

八、"结论"必须把"证明"里的主要理由总括起来;并且要下一句最终结论(或肯定,或否定)

结论的字句,须与原题的字句丝毫不差。结论要有力,要恰好抓住要点。题目的各个要领,应该在此重述一遍,使人一看便知道各个要领(就是前面所讲的纲要语)与题目的关系。本章末尾所附载的要略,其结论便是很好的示范。

【概要】编要略的规则

1. 要略须分三部分:引论;证明;结论。

2. 要略里的语句必须完整。

3. 要略里各个句子(或标题)互相的关系,须用数字、号码和抬头法表示。

4. "引论"里面,须把题目的要领和分析的方法说出。

5. "证明"里的纲要语,必须与引论所提出的各个要领——

对应；并应列成理由的形式，以证明题目。

6.“证明”里每个纲要语下面所列举的各条，必须列成理由的形式，以证明所归属的纲要语。

7.插入驳论的地方，须把所要驳的理由标明。

8.“结论”必须把“证明”里的主要理由总括起来；并且要下一句最终结论（或肯定，或否定）。

下面所附的要略，是一个初习辩论术的学生做的，可以表明本章规则的应用。这个要略，并不是很周全的要略，不过可以为初学编要略的人做一个样子罢了。看这个要略的时候，须注意看它每个纲要语下面的各条是如何关联的；看它全局是如何构造，才把各部分与题目的关系显了出来；看它每个纲要语，每句话的理由是如何充足，事实是如何稳当，才能使那句话成立；并且看它有要引证的地方，便加入了引证，连引证的出处都附带注明。这些都是不可忽视的。但是有一个地方是它的缺点，就是证据的来源太重复了。前面讨论证据那章曾经说过，说出证据的出处（来源），可以使证据的价值增加，可以使将来再去探索的时候格外容易；但是，证据如果都是从一个地方出来的，便不能令听者十分信服。

总之，本章的规则，必须记得纯熟，并且应用的时候，还要知道自己所应用的是哪条。照这样做去，才可以希望把这些规则变成论证的利器。要略编成之后，还要用规则来试验一次，检查一遍。弱的地方，便须把排列法变动一下，或另加有力的证据，把它补好。要另加证据，多半不能不重新再去翻阅材料的来源。有时重新去翻，甚至要翻到数次。但是此时题目的内容已熟，翻起来总是很容易、很愉快的。

附载的要略里所辩的是"所得税"。所谓所得税，就是按每人每年自己收入的多少，收他的税。赚钱多的人，纳税也多。赚钱少的人，纳税也少。美国原来没有此税。下面这个要略就是主张应收此税。

正方要略

题目：美国中央政府应该征收所得税。

引论

（一）近来所得税的问题大为社会所注意：

　　1.前不久有人提议修改宪法，改入这种税。

　　2.所提议的修改案，已引起国人讨论这个问题。

　　3.许多名人对于这个问题已经发表意见。

（二）本题所用的定义如下：

　　所得税乃是在个人每年的收入上征收的税，其税率随
　　收入的多少增减。

（三）正反两方的争论点如下：

赞成实行所得税制的人有以下的主张：

1.所得税是必要的。

2.所得税是确能实行的。

3.所得税在理论上是对的。

反对实行所得税制的人有以下的主张：

1.所得税不是必要的。

2.所得税是确不能实行的。

3.所得税在理论上是不对的。

（四）两方意见冲突，生出以下几个要领：

1.所得税是不是必要的？

2.所得税是不是确能实行的？

3.所得税在理论上是不是对的？

证明

（一）所得税是必要的，因为：

1.备国家的急需，必须征收所得税，因为：

（1）遇有战争的时候，关税不是停止，便是大受损
失，若没有所得税作为后盾，政府的入款便没
出处。（《奥特路克》杂志第 94 号，217 页，美
国上院议员布朗文）

（2）纽约市长胡佛认为中央政府应有征收所得税的权力，以作应付国家急需的准备。（《奥特路克》杂志第94号，100页）

（3）［驳论］　有人说，国家一切需用都可以由其他各种赋税拨充，所以不必征收所得税。这个说法是不对的，因为：

①假设与大商业国战争，此时国家的需用浩大，从何处得来？（《奥特路克》杂志第94号，217页，大法院法官哈尔兰对于波罗克案所发表的意见）

（二）所得税是确能实行的，因为：

1. 由过去的经验看来，知道是可以实行的，因为：

（1）美国1861年内战时期，政府需款急迫，曾用这个法子征集巨款。（《奥特路克》杂志第94号，216页，布朗文）

（2）英国和意大利实行所得税制，成绩昭著。

"实行所得税制，在经济上、生产上都获利益。实行愈久，愈能看到益处。（威斯康新大学经济学教授爱里先生所著的《经济学概论》，第635页）

（三）所得税在理论上是对的，因为：

    1.征税的多少，是按各人纳税的能力为标准，因为：

    （1）穷人没有进款，便无须纳税；有钱人有纳税的能力，才要他纳税。(《奥特路克》杂志第85号，504页，波士特文)

    2.每人担负自己的税金，因为：

    （1）以每人的收入为标准，去决定每人纳税能力的高低，其法至善。所得税所根据的就是这个方法。(爱里先生《经济学概论》，第635页)

    （2）职业界里有些人的财产是看不见的。照现行的法律收税，他们便逃脱了。若行所得税制，便都逃不掉了。(《奥特路克》杂志第85号，594页)

结论

（一）别的入款支绌的时候，要想备国家的急需，必须征收所得税；

（二）由过去的经验看来，所得税是确能实行的；

（三）所得税按个人纳税的能力为标准以定税额，在理论上是对的；所以美国中央政府应该征收所得税。

第 *6* 章　编辩词

　　要略是一个结实的架子，所含的东西是实在的理由、具体的材料和逻辑的层次。如果编要略的人，其目的只在证明题目，使人明白他的主张，知道他的理由充足，或者只想使人知道他所说的话不错，他所主张的办法很好，那么单是一篇要略，便已够了，可以不用再加别的东西。如果只想以要略为辩词的一个根底，真正的辩词等到临时才由口头发挥，也可以不必再加修饰。但是若要再进一步，将辩词修饰一番，那便要讲到编辩词的方法了。编辩词的方法就是拿要略作为一个底稿，然后填入词藻，做成一篇有色彩、有精神的实际演说词。通常的要略，多半要经过这一步，才能算是一块完璧。

　　编辩词须注意以下两点：第一，所编的辩词必须把要略的范围完全包括，把架子掩盖得严丝合缝。不可包头露尾，剩下一些光骨头。第二，须把辩词做得十分精彩，能动听，能深深地印入听者的心里。一间房子，单有间架柱头，固然已经成了房子的格式，但是若没有装修，没有墙壁、粉漆、雕刻、绘画，总是不足观的。要想房子壮丽，非加装饰不可。要想辩词动听，也非加装饰不可。

　　本书前面已经讲过说服与诱动的区别。这种区别，现在更当留意。为什么呢？因为我们可以用来区别要略与辩词的性质。要略的性质，不外是说服。它的目的，不外是要题目的真理清清楚楚地证明，令人不能不相信，不能不以为然。至于辩词，便带着诱动的性质了。要略只有形式，没有精神，恰像几何学中的死定理一般。辩词便加了些神采。其目的在用文字言语的技艺，润色死板的定理，使它能激动人的感情，左右人的心志，以达到诱动的地步。认真讲起来，一个要略，已经把什么是对的、什么是应该做的都说得清清楚楚。如果每个人都是完全的理性动物，每个人都有完全的判断力，便应该只要这样一个要略就够了，更用不着想别的法子去诱动他。无如天天所见的常人，事实上不是如此。他们的思想和推理的方法，多半为环境、教育、风俗、习惯所左右。他们的动作又多半为感情所指挥。单凭冷淡的理由，确难使他们感动。所以非另加工夫不可。所谓另加工夫，就是利用他们所固有的思想和感情，一步一步地把他们引上一条道路，以达到诱动的境地。

这条道路，从心理学上来看可分为三步：1.注意；2.兴趣；3.情愿。从论证术上看来，可分为三部分，恰与要略的三部分相应：1.引论；2.证明；3.结论。我们若把这两种办法仔细研究一下，便知道心理学的三步和论证术的三部分之间，有一个逻辑的关系。这个逻辑关系，就是一个因果关系。怎么说呢？论证的目的是要使人生出实际的动作。但是要想使人生出实际的动作，便不能不先使人注意，其次使人生出兴趣，再其次使人生出情愿动作的心。这是就心理方面讲，有三个不可不经的阶段。再就论证的结构上看，也有三个不可不备的段落。这三个段落，就是引论、证明、结论。论证既是要想生出动作，那么就是说引论、证明、结论三个段落，要生出注意、兴趣、情愿三个结果。这个关系，可用下面的式子表出来：

1. 论证要生出动作。

2. 但，论证——引论、证明、结论。

　　　　作用——注意、兴趣、情愿。

3. 所以，引论、证明、结论要生出注意、兴趣、情愿。

由这个式子，可知论证里的三段东西，要生出心理上的三个结果。不但如此，并且三段落与三结果的起点终点都恰恰相同。注意与引论并行，兴趣与证明并行，情愿与结论并行。换一句话说，就是引论生注意，证明生兴趣，结论生情愿。这就是所谓因果关系。知道这个因果关系，再来研究编辩词的方法，就有所根据了。这个根据，只是三句话：

1. 引论必须能引起听者注意。

2. 证明必须能使听者觉得有趣。

3. 结论必须能使听者生出跃跃欲动的气概。

注意（引论引起注意）

书写的辩词，第一个要件就是要使人愿意读；口头的辩词，第一个要件就是要使人愿意听。所以辩词的开端（引论），必须先把读者和听者的注意夺过来，然后再发表议论（证明）。如果开端的时候不能使人注意，读者便难免不把辩词抛在一边，听者也难免不想到窗外的鸿鹄将至；就是以后讲得天花乱坠，要想再引起他们的注意，恐怕也很难了。所以引论必须能引起注意。不然，便很危险。

引论要怎样才能引起注意呢？要解答这个问题，须先研究注意的种类。

一、注意的种类

（一）自然的注意

无须故意留心某事而自能留心，叫做自然的注意。人类的心，当没有专注在什么特别事物上的时候，如果环境之中突然有一事起了显著的变化，就会引起他的注意。这个变化若是合意，所生的注意便是情愿的，若不合意，所生的注意便是勉强的。所以引论须迎合人意，然后能使人生出情愿的注意。

演说辩论场中，大家都望着台上。演说人初走上台，不需要说，大家都不知不觉地开始注意他。这时候的注意，就是一种自然的注意。这种自然的注意，差不多是不求而得的，没有什么大好处。演说的人还要进一步把自然的注意变作一种集中的注意。什么叫集中的注意呢？就是说演说的人要趁着大家都在注意他的时候，把大家的注意设法移到他的论证上去，使大家都留心他所说的话，并且顺着他的思想线索走。这种注意，能不能获得，全看引论做得好不好。引论好，便能引起这种注意。引论不好，不但不能引起这种注意，并且连自然的注意也要衰减，变为假装的注意了。

（二）假装的注意

这种注意，不是出于情愿，不过既碰着了说话的人站在演说台上，除听他演说以外，没有别的事做，只好装模做样，勉强听一听。勉强的程度，也有几等，随演说者的技能和听者的品类而异。不会说的人，开头说了一些，听者只是漫不经意。这种态度，可以叫做"不管"。不管台上的人说的是什么东西，也不管他究竟说不说话。这是假装注意的第一步。有时演说者只管演说，说了一大篇，听者都还是这样。所以演说时必须留意观察，如果看出这种情形，便须马上设法把全篇演说早早收场，收得越早越妙，不然恐怕还要到第二步。假装注意的第二步，可名为"心驰"。到了心驰的一步，连不管的注意也没有了。听者各人想各人自己心里的事，台上虽有人讲话，也恰像对着空座讲话一般。通常到了这一步，便是到了极点。但是有些时候，有比这一步更厉害的，可以名为"无礼"。到无礼的地步，听者便明显表现出不愿意听的样子，交头接耳地讲起话来，附带一些不恭敬的批评。

由上面看来，可以知道引论应该引起的是哪一种注意了。既知道应该引起的是哪一种注意，便可以研究如何引起注意的方法。

二、引起适当的注意的方法

（一）直截了当地说明用意

要想提起听者的自然的、集中的注意，最有效的办法，莫如把全篇的用意直截了当地说出来。从前已经说过，预备要略，引论不可太长。又说过，引论里只须说明要领和分析的重要手续。这些话都是对引论的实质而言。现在讲到引论的言辞，还是离不脱简单二字。因为听者所留意的乃是说者的主张和理由，所以开始的时候，越简单越好。若能一口气把自己的主张说出来，听者的心里便有所依归，能把全部精神专注在说者的主张上去。下面所举的例，是一个极简洁的格式：

"我们正方主张废止有等差的记分法，有两条理由：第一，因为有等差的记分法现在没有存在的价值；第二，因为有等差的记分法弊病很多。

"为什么我说有等差的记分法现在没有存在的价值呢？因为……"

这个引论，就是把论证的用意直截了当地说出来，以引起听者的注意。

这种格式，虽然觉得太突兀，但是有些时候，正要用这种太突兀的格式。例如：

1.题目的分析，已经有人讲过。

2.题目的起源和历史，已经有人讲过。

3.题中名词的定义以及推理的层次，已经有人说明。

4.辩论的时限很短。

5. 听者对于所辩的题目很熟。

遇着这些情形，不能不用这种最简单的格式。这种格式，林肯讨论"奴隶问题解决之必要"的时候，也曾用过。他说：

我们若想把我们现在所应做的事和采用的方法辨别清楚，必须把我们现在所处的地位和所有的倾向先了解个明白。奴隶问题的纠葛，自从我们采用取缔的政策以来，坚心决志，誓必把这种纠葛斩草除根，算到现在，已经是五年了。这政策，虽然行了这样久，但是纠葛不仅不断，反倒一天更甚一天。照我看来，非造极登峰地大闹一次，恐怕没有绝迹的希望。俗话说："自相分离的房子是站立不住的。"我以为我们的政府，照这样半奴隶半自由的样子，绝不能牵延长久。我不希望联邦瓦解，我也不希望房子倒下。我所希望的是，"不要永远像现在这样分成两组"。要这样，便全体都这样；要那样，便全体都那样。或者大家都主张禁绝奴隶制，全国一心，认此制为绝迹，万古不复；或者大家都主张存留奴隶制，推行提倡，使各州法律，无新旧，无南北，一概都承认它为合法。绝不能有一半是如此，有一半偏是如彼。

当时美国诸州，对于奴隶问题，各有法律。有禁止的，有不禁止的，问题丛生。林肯这篇演说的意思，就是主张要早早设法解决这个问题。

在这个引论里面，林肯说到他的主张："我以为我们的政府照这样半奴隶半自由的样子，绝不能牵延长久。"全段引论，不外是这个意思，不过用不同的话反复重述，免得听者不懂或误会罢了。你看他前面两句："照我看来……是站立不住的。"后面的四句："我不希望……有一半偏是如彼。"何尝不是一个意思。大凡引论，其明白的程度，不单是要能使人了解说者的主张，并且要能避免误会。林肯这一段引论可算是做到了。

这个引论里对于题目的起源和历史，只用几句话轻轻点着："奴隶问题的纠葛，自从我们采用取缔的政策以来，坚心决志，誓必把这种纠葛斩草除根，算到现在，已经是五年了。这政策虽然行了这样久，但是纠葛不仅不断，反倒一天更甚一天。"此外还有更详细的经过情形，都留在后面辩词里得力的地方，方才说出。引论里所说的，只是起源和历史中的重要结果。这种叙述法，乃是依下面的原则：

引论要把辩词的主张直接说出，不可详细讨论题目的起源和历史，以致把叙述其意的话打乱。

（二）用故事打比方

故事也可以使听者注意力集中，但是用故事作为引论，必须自己有十分把握，确能自圆其说方可。所引的故事，须具以下三个条件：

1. 故事要有趣味。

2. 要说得好。

3. 要与所比喻的点明显有关系。

如果所引的故事属于笑话，演说者必须预先料定一讲出来定能使人发笑。最伤自然的注意的故事，莫甚于不能出奇。故事的性质，既是不外要把所欲说明之点比喻出来，所以其间的关系，总要求其明显。如果讲出故事之后，还要加一点解释才能明白，便不仅不能引起兴趣，反倒灭杀了兴趣。真正关系明显的故事，简直可以轻轻巧巧地便把听者的心一直引到题目的要领上去。

（三）引用格言

引用格言也是引起注意的一个好法子。为大家所熟知的格言，对辩人或与辩论有关系的人所讲过的话，都可以引用。但是无论引什么话，总要与题目有明显的关系。引话的用意也要使人一见便知。

有时引用格言不是为了说明什么，而是为了引起当时片刻的注意。遇着这种时候，所引的格言，虽不必与题目有关系，但必与当时的情节有关系。并且引起片刻的注意之后，要能把它引到正题上去。

引起适当的注意，上面所讲的三个方法，以第一个为最有用。第二、第三这两个须遇特别的情形，然后可用。总之，引论的目的是要引起自然的、集中的注意，这句话不可忘却。

兴趣（证明维持兴趣）

一、维持兴趣的必要

证明里为什么必须维持读者、听者的兴趣呢？这个道理很容易懂。一篇辩词，要想产生永久的效果，有两个要件：一个是理由，一个是感情。理由可以说服听者，感情可以激动听者。但是要想激动，非先讲理由不可。先把自己的主张、所有的切实材料，一条一件地讲出来，使听者听得津津有味、条条不乱，然后可望生出功效。如果没有经过这一番工作，即令善于激动感情，能在结论里说一些最有力、最动人的话，也是没有多大用处的。因为单凭激动感情，不过暂时可以动人。若没有切实的论证为依托，多半不能持久。要想收获真正的效果，非两样兼备不可。照这样看来，兴趣岂可轻视？

二、维持兴趣的方法

（一）议论要"得当"

预备辩论的时候若把"议论要得当"几个字放在心上，登

台的时候便不患不能维持听者的兴趣。要使议论得当，有三个
条件：（1）演说者（或著作者）；（2）听者（或读者）；（3）时
机或场合。符合这三个条件的议论，自然容易产生效果。

1. 适合于演说者（或著作者）

演说要使人听，文章要使人读，这是不需要说的。所以
演说的人（或著作的人）预先总要自忖一下，看自己究竟有
多大的能力、有多高的本领，发言才能与身相称。所谓适合，
就是这个意思。除自量能力之外，还要自然。陈述演说词的
时候，宜凭自己天然的姿态，不可东施效颦，故意去学别人
的样子，学别人的样子总是不自然的。要想使演说词适合于
演说者，有个秘诀，就是真正的"诚恳"。存中形外，心里诚
恳，外面便自然而然。有了诚恳的心，又自知所立的是合理
的一边，那么出词吐气的时候，便不患不能把自己的身份、
品格显露出来。

所发的议论，还要显出一种公正不偏的态度，使别人看
着，知道演说者的目的是阐发正论，昌明真理。遇着引述对
手的议论以加批驳的时候，所引述的话，尤其要本乎公道，
合乎情理，经得起中间人的评判、免得过裁判员的指责。总
之，把真正的诚恳和绝对的公正用在辩词里面，一定能使言
论与人品适合。

2. 适合于听者（或读者）

这种适合，是以真正的"同情"为基础，对什么人说话，便要对什么人表现出同情。认真说起来，演说的人，非弃掉自己的眼光，用听者的眼光去看问题不可。须知道对工人所演的论词和对资本家所演的论词，总有些不同。虽然论词里的实在材料是一样的，但是把要略填成论词的时候，总不能不想到各种人有各种人的眼光，各种人有各种人的想法。

要想适合于听者，不单是应想到听者的职业、品位，还应想到当时政治上、社会上、学术上种种有力的倾向。遇着听者的信仰、心理与演说者不同的时候，尤应特别留心。有许多演说家，遇着这种情形，不知道应该如何对付。其实若把"同情"二字记在心里，便没有难处了。不合意的话，开始决不可说。当采取由浅入深的方法，起初只是顺着听者的意思，泛泛立论，下一个平平常常的基础。其次再处处留心，一步一步地准备，把听者的思想感情慢慢移动到了后面时机成熟的时候，才把真正的主张、严厉的道理阐发出来。

罗马共和国当凯撒权盛的时候，凯撒想做皇帝，被布鲁图所刺。布鲁图素来名声很好，为国人所佩服。他刺杀凯撒之后，宣布平等自由，城中人听他演说，都大大感动。此时有一个名安东尼的人，是凯撒的心腹，要为凯撒报仇，便趁

着布鲁图演说之后，也去演说。初上台的时候，有人在下面
讥议。倘若稍有失言，他便性命难保。但安东尼很会说。他
先不说布鲁图的坏处，但说到后面，终究把市民激起，大动
公愤。他的演说如下：

我今天来，是来安葬凯撒，并不是来赞扬他的功德。我
看人生在世，"好事入泥沙，坏事传千古"这句话无异于是为
凯撒说的。布鲁图是一位高尚的君子，他告诉你们，说凯撒
野心勃勃，如果真是如此，自然是凯撒的大错。凯撒已死，
也算是已偿了他的债了。我今天承得布鲁图的好意，准我演
说，所以我得在凯撒的灵前来说几句话，布鲁图真可算是一
位君子，他们同谋的人，也都不愧当君子之名。凯撒原来是
我的至交，待我忠厚公平，但是以布鲁图这样的君子，偏说
他私怀野心。他从前曾经获胜边疆，所得的财帛，莫不归入
国库，难道这算是野心吗？他听着穷人叫唤，也曾经流下泪
来，有野心的人，未必有这样慈悲，但是布鲁图一定要说他
有野心，而布鲁图又是一位高尚的君子，我有什么法子呢！
那天过节的时候，你们眼睁睁地看着，我三次以皇冕劝进，
他三次拒绝，这也算是野心吗？

但是布鲁图一定要说他有野心，而布鲁图又确是一位高
尚的君子，你看有什么法子呢！我并不是说布鲁图的话说得

不对，我不过知道什么便说什么罢了。从前的时候，你们大家都曾爱戴过凯撒。你们爱戴他，并不是无因。现在他死了，你们却没有人替他伤心，这事我真不解。唉！

天良呀！你跑到禽兽的身上去了啊！人的理性都丧失尽了啊！

呀！我的心现已经在凯撒的棺材里头了！我要等他回来才能再说话了！

说到这个地方，他大哭起来，停住不讲。看着市民在下面议论，有些说"有理"，有些说"凯撒真受了冤枉"，于是他又接着说：

唉！昨天的凯撒，一句话足以翻天覆地，何等尊严！哪知道今天躺在这里，无人睬他。啊！若是我要把你们的心激动起来，那我一定是对不起布鲁图的，我一定是对不起开西友斯的。他们是仁人君子，我哪里敢这样？我情愿对不起已死的人，我情愿对不起我自己，对不起你们大家；不情愿对不起他们这些仁人君子。但是我这里有一张羊皮纸，是我在凯撒的卧房里找出来的，这就是他的遗书。他这里面的话，我不愿意读出来，要是我读出来，哪怕愚夫愚妇听见，恐怕也要去对尸痛哭，拿帕子去染他的圣血。唉！恐怕还要在他身上求一根毛发拿回家去做纪念品，死的时候，还传给子孙，看作宝贝一样啊!

　　讲到这里,下面有人叫道"请你读遗书给我们听",他又接着说:

　　你们不要性急,我万不能读给你们听。我若使你们知道凯撒待你们的厚道,恐怕要坏事。你们不是一根木桩,不是一块石头,你们是人! 人听了凯撒的这些话,心里一定要烧起来,一定要变成癫子。你们不知道你们是凯撒的后嗣,倒是很好;若让你们知道,我不知道要闹出什么事来!

　　下面又有人叫他读遗书。他接着说:

　　难道你们现在就一定要听吗? 你们一刻都等不了吗? 我很懊悔我的嘴太快了,错把这件事告诉了你们。我自己不觉得,恐怕已经对不起那些杀凯撒的仁人君子了。不该! 不该!

　　下面有人说:"什么仁人君子! 他们是乱贼! 是坏蛋! 你念遗书吧! "安东尼又接着说:

　　难道你们要逼迫我念吗? 那么就请你们站开,在凯撒尸首的侧边,站成一个圈子,让我把写遗书的人指给你们看看。你们准我下来吗?

　　下面有人叫"下来"。安东尼便下演说台,指着尸首哭说:

　　你们要是有眼泪,现在便是你们掉眼泪的时候了! 这件大袍（指着凯撒的袍），你们大家都知道的。我还记得凯撒第一次穿上这件大袍的时候，是在一个夏天的晚上，那天就是他征服内尔微的一天。现在你看，开西友斯的刀子从这里穿进去；你看，加斯加这个毒手刺了这么大一个口子；你看，这个地方，是凯撒所宠爱的布鲁图所刺的，你看，他刀子抽出来的时候，凯撒的鲜血淋漓，好像跑出大门来问："凯撒那样的爱布鲁图，难道布鲁图也忍心来杀吗？"啊！天知地知呀！凯撒是何等的爱布鲁图！这一刀真是最无情的一刀，凯撒看见他都肯来杀自己，心里受"无情"两字的伤，比刀伤还更厉害，简直气得心碎胆裂，鲜血长流，硬倒在庞培的像身下面，脸也被大袍子盖上了。唉！诸位啊！试想一想是怎样大的一个冤劫啊！照这样杀人放火，你我也是在冤劫之中啊！啊！

你们也哭起来了啊！我也看出你们也知道心恸啊！大家都是同洒伤心之泪啊！你们这些良心还在的人，才看见凯撒的衣裳，就这样哭，你们还没有看见他的尸首啊！他的尸首在这里，你看，被这些大逆不道的叛贼弄得不像样了！

说到这个地方，下面的人大哭大怒、大喊大叫起来，都骂布鲁图，要为凯撒报仇。安东尼又接着说：

诸位好朋友，不要忙，不要因为我讲了这些话，就把你们大家都激成这样子。杀凯撒的人，都是些仁人君子。他们有什么私仇隐怨，做到了这一步，我实在不知道。但是他们既是仁人君子，聪明厚道，一定有他们的道理向你们讲。朋友们，我来并不是来煽动你们的心。我不会说话，没有布鲁图那种口才。你们谁不知道我是一个忠厚老实的人，只知道爱我的朋友；就是杀凯撒的人，也深知我是这样，所以才肯让我当众演说。我一无聪明，二无身价；既无口才，又无手段，哪里能激动人心？我说话只是顺口乱说；自己知道什么就和你们说什么；指你们看凯撒的伤，请这些已经哑了的嘴替我的嘴说话。唉！如果我是布鲁图，布鲁图是安东尼呀，我怕那个安东尼硬要把你们激动起来，我怕他要在凯撒的每个伤口上都栽一根舌头，简直把罗马的顽石都说得跳起来、烧起来！

说到这个地方，下面的人愈是大怒，要去烧布鲁图的房子。安东尼又接着说：

朋友们，再听我几句话。你们现在只是要跑；要跑去干什么，你们自己也还不知道。我问你们，凯撒为什么值得你们这样爱戴呢？哈哈！你们还是不知道，听我告诉你们。我先前不是说有一个遗书吗？你们竟至忘记了。遗书就在这里。书上有凯撒的印。凡是罗马的人，每人他都给75个德拉克马银币。他的花园树林，在台伯河这边岸上的，也都送给你们，送给你们的子子孙孙，永远作为公共游乐、大家享受的地方。唉！照凯撒这样的人，世间哪里还找得出第二个！①

说到这个地方，市民便要去烧房子报仇去了。安东尼的目的，终究达到。

这个例子，很可以说明什么叫做适合听者的原则。你看，安东尼未演说之前，市民是如何倾向布鲁图；初演说的时候，是如何留意，过后是如何进步；最终是如何严厉。开始说"仁人君子"，其意是迎合市民的心理；后来所说的仁人君子，便显然带一番讥诮的口气。通篇演说，处处都想到市民的好恶、利益，以及经济、政治、社会各方面的情形。所以到了最后，没有一个地方失败。这虽不是真的演说词，却是一个很好的例子。

布喀尔·华盛顿对于与己不同的人，善为说词。他曾说："天下找不出听者完全相似的两个会场。我的演说，是以各个会场的人为转移，对一个会场的人演说，自有一个方法。我对一个会场演说，犹如对一个人演说，句句说到他的心坎上。说话的时候，我只管说，不管所说的话传到报纸上去好不好

---

① 全篇演说是由莎士比亚所作的剧本《朱利叶斯·凯撒》取下来的。

看，也不管别的人听着好不好听，只要可以感动会场里的人，得到他们的同情，使他们采纳我的意见，便算达到目的。"但是他又说："我扪心自问，言不由衷的话，我决不肯说。"

总之，要想适合听者，总离不掉同情二字。对听者表现同情，才能使听者乐于听。

3.适合于时机或场合

所谓议论得当，还有一个条件，就是要适合于时机或场合。无论什么场合，都各有各的情形，各有各的性质。同是一篇辩词，在这个地方演述，不能同在那个地方一样。即令辩词的要略是一样的，所填的词语也必要费点斟酌，在什么情形之下说什么话，必须预先算一算。例如，主张民选州长，若在议院里演说，便要想到听讲的人都是智识高上的人，用不着多说浅显的道理；他们所最留心的是党派的利害关系，所以关于党派的利益上宜多加解释。倘若这篇演说是对着一般普通人讲，措辞便应浅显详细，用不着讲什么党派利益。又如学校里或校际的辩论比赛，优劣是由几个裁判员决定，时间也有限制，阐发要略的时候便应用最简洁的法子；但若在什么政治会社里演述，时间既没有限定，又没有裁判员，便不妨大大发挥，以达到动人的地步为止。虽同是一篇辩词，而措辞的方法各不相同。这就是因为场合不同的缘故。总之，

123

辩词如果是书写的，就要适合于作者、看者和时机；如果是口头的，就要适合于说者、听者和场合。

（二）结构要合逻辑

一篇论文，既是用论证的形式演述，名之为辩论，听的人内心一定很注意其中的思路层次，看你的推理方法清不清楚。听者既有这个心理，说者便不可忽视。所以一篇辩词，不但其中的实质要合逻辑，就是词语之间形式上也要体现出合逻辑的样子。书写的辩词，要呈现出这种样子，很容易。可以把全篇分成若干段，可以把各段的关系逐处写明，可以用总括语、承接语、转换语以及小小段落等，把逻辑的构造凸显出来。口头的辩词，没有这些肉眼可见的东西来帮忙，不得不专靠口里逐处提醒。最好是凡讲到一个新理由的时候，先说明所要证明的是什么。以下证明的时候，处处点题，表明正在证明。证明完了的时候，再提醒一句，表明已经证完。照这样做去，逻辑的关系很容易使人听得清楚。

不单是逻辑的关系应弄清楚，还有推理的层次也应呈现得明白。所谓推理的层次应该呈现得明白，就是说辩词讲到什么地方，应该使听者知道已经讲什么地方；论证进了若干步，应该使听者知道已经进了若干步。例如题有三步，应该逐一证明，那么证明了第一步的时候，便应声明现在第一步已经证明了，只等证明第二步和第三步；证明了第二步的时候，也应照样声明；以下类推。要如此才能使听者觉得一篇论辞逐处都有进步，进一层，又一层，自然可以产生兴趣。有些人讲话，一个论点或一件小事，讲了许久，翻来覆去都是讲一样东西。有些人把若干论点或几件事情混在一块儿讲，不分出层次来。这种讲法，总是令人听去，觉得心里着急，其原因就是体现不出进程。要想体现出进程，非简单明了不可。阐发一个意思，不妨尽力阐发，一旦讲明之后，便应另讲别的意思，层层递进。不可尽在一个意思上讲。

（三）文体要适宜

依一种特别的方法、特别的样子，以选择字句、排列段落，使读者和听者产生说者心里所期望的效果，这种方法样子，叫做文体。从这个定义看来，可知文体在论证术里是很重要的一个要素。我们研究构造辩词的方法，无非是要使辩词能令读者和听者产生我们心中所期望的效果。要想产生这个效果，如果字句选得好，段落排得好，就是很有功效的。若不管字句的修饰，段落的整理，虽然辩词的材料很好，也未必能令读者和听者动心。无论什么东西，形式与内容是并行的：形式若好，连内容的价值也觉得增高。所以制造瓷器的人，时常留心花样。花样的用处，无非是迎合主顾的眼睛。

吃东西也是一样：食物的式样好看，可以增进食欲。辩词的文体，与瓷器的花样和食物的式样无异。文体能做得流丽适宜，辩词的效率也随之增加。

文体虽然带一番修饰的作用，但不可单纯看作一种外面的装饰品，不是与服饰一样，可以把辩词打扮起来拿到街上去游行的。文体的后面，要有两件东西为依托：一件是思想；一件是人。思想要有精彩的材料，用天然的本色表现出来；人要有诚挚的精神，用言语表现出来。文体是本身人品自然的表露；摹拟他人，绝不会好。

1. 文体有以下的要件

（1）字

辩词里面，选字是很要紧的。起了稿子，需要再三修改，直到清楚有力。可以用具体字的地方，切莫用空空洞洞的字。不常见的字和不熟的名词，须极力避免使用，改用平常字。

意义含浑的字，有时也可以用。有些字含浑得妙，用起来很占便宜。不过用时须加注意，用在适宜的地方。

带影射性质的话和重复语，很有效力，不可不用。例如辩论废止有等差的记分法，正方翻来覆去说："这种点蜡烧鼻子的制度，还不取消吗？""这是点蜡烧鼻子的制度所生的恶果。"……这话就是带影射性质的话，因为他讲到记分制的坏处的时候，引了一个用功的学生做例子，这个学生预备大考的时候，电灯熄后还要点蜡，把鼻子烧着还不知道。这是记分制迫人用功的坏处。一提到"点蜡烧鼻子"，便可使听者想到有等差的记分法的坏处。所以这种影射语，在辩词里非常有力。反复地说，其力更大。

（2）句

练句的时候，要看辩词是要口头演述的，还是只要人读的。如果只要人读，那么平常作文修辞的法子便已够了；如果是要口头演述的，便不可不特别留心句子的结构。每个句子，写好过后，都要自己大声念出来听一听；即令不念出来，心里也要默想演述时是一个什么腔调。句子的意思，必须浅显；如果深晦，听的人便不懂所说的是什么东西。长句和复句切不可用。以直接简短的句子为佳。对偶、排比、紧束句，可以用来加高演说的铿锵，但不可故意卖文，倒把辩词弄得不简单不清楚了。

（3）段

每个理由的一小部分，应作为一段。每段的意思要完整，自成一个单位。段的长短，要与小部分的轻重为正比例。段里所阐发的，必须以要略里的句子（或纲要语）为根据；要略里的句子，必须恰与段里所阐发的相合。

2. 文体须具以下的特质

（1）清楚

文体最要紧的特质，就是清楚。人的心理，大概都喜欢容易懂的东西，所以文体清楚，乃是维持兴趣的一个要害。听者（或读者）对于辩词，多半不愿意自加思索，以理解说者话中的道理。必须说者一条一款地告诉他们，帮助他们思考，明白地对他们说如何推理然后得出结论，他们才觉得满意，觉得有趣。所以口头演述的辩词，对于"清楚"二字，是万不可忽视的。

辩词里语句不清，最容易埋伏谬点；语句清楚，就好像冬天的河水，有一点儿错误，也能看得出来。所以清楚的辩词，多半能使听者心里觉得满意，因为辩词既是清楚，他们便能看得了然，可以用自己的判断力去下批评。并且辩词清楚明白能使人觉其爽快，觉其流丽，使人容易信服。如果没有清楚的特质，语句含糊之中便恐有很大的谬点伏在里面，不但不利于论证，就是听者也必定生出一种不满意的心理。所以"清楚"二字，无论由说者方面或听者方面说来，总是文体中第一个要紧的特质。

文体要想清楚，有四样东西应该注意。第一要简单；第二要实在；第三要有系统；第四要相连贯。下面再逐一解释。

第一，先说简单。简单的话，最容易使人懂。同是一个意思，三句话可以讲明，一句话也可以讲明，就该用一句话讲。不可贪图言辞狡辩，议论风生；也不可用些累赘的长名词、复杂的定义，以及排偶对仗好听的文章。深晦费解的东西，也宜少用。总之，越简单浅显越妙。用曲折绕弯的话语，只足以令人了解不清楚，因而生不相信的心。如果一句是一句，一字是一字，简洁了当，不但足以使人易懂，并且可以使人觉得有一番理直气壮的气概在言辞之中。

第二，再说实在。"实在"就是"具体"的意思，就是与"空洞""普通"相反的意思。无论说什么事，举一个实在的、具体的例子，比下一句空空洞洞的笼统断语好得多。讲得越实在，听者心里的印象越深；越空洞，其印象越模糊。有些人形容一件事，往往爱用概括的口气。其实讲得越泛，话的力量越小。例如说"某人病得很重"，听者虽知道病重，究竟不知道重到什么地步。若说"他每小时吐血一次，每次吐血两茶杯，体温39度"，便实在多了。听者完全可以在心里想象出病人的病状之甚。又如形容某地大旱的惨状，与其说"天灾蔓延，及于数省，为祸之剧，世所罕见"，不如说"河北、山东、山西、河南、陕西五省都受大旱，共有1500万人没有饭吃，有些人用棉花种子和土沙磨成粉充饥，有些几乎全家死在一块"。说得如此实在，比空话的效力大得多。总之，概括不如列举，笼统不如分述，空虚不如实在。

　　第三，再说有系统。系统的意思，就是说辩词里的意思要有一个中心，其他的意思都要与这个中心意思有切要的关系。这一层在要略里本来是说过了的。现在所谓"有系统"，乃是要把所有的系统凸显出来，使人觉其显豁。所以辩词里的话，不可不看它与中心意思有没有切要关系，以定取舍。凡非解释正题或证明正题的话，一律删除。就是解释的话，也不可太长，太长便容易扯远，容易使听者离开题目想到一边去。要略虽然有系统，但是填入辩词的时候，往往容易插入一些不要紧的东西，只是因为这些东西有趣，便不知不觉拉了很长。要治这个弊病，也只有用"看它与中心意思有没有切要关系"这句话作为裁汰的标准。总之，紧跟要略阐发，不出范围，最容易不失系统。"系统"二字，对于辩词很重要。结构有系统，他人便喜欢听；无系统，他人便摸不着头脑。所以系统是万不可忽视的。

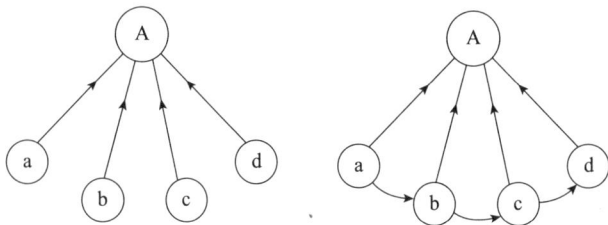

第四，再说相连贯。连贯的意思，与系统不同。系统是不散，连贯是不断。系统是各个意思与中心意思的关系，连贯是各个意思互相间的关系。以上左图可以表示系统，右图则兼表连贯。图中 A 是中心意思（或主要意思）、a、b、c、d 是各个意思。aA、bA、cA、dA 等线表示各个意思与中心意思的关系。ab、bc、cd 等线表示各个意思间互相的关系。

要使辩词连贯，也须紧跟要略。要略里是如何连贯法，辩词里须把它明白显示出来。附从语对于纲要语的关系，要略里只用"因为"二字表明，在辩词里便应用修辞的手段编成话语以表之，然后才能清晰有力。一个要领（或纲要语），有时要翻来覆去讲过几遍，有时还要明确解释它怎么算是题目的一个证明，都要把连贯的关系显示清楚。用作证据的事实，所证实的是哪一句话，怎样可以证实那句话，也要明白说出，才能把关系显得清楚。不然，事实虽然有价值，有分量，但都是散的，无补于论证，辜负了它的价值。

要使纲要语、附从语以及零碎小事之间的关系明显，必须多用"因为""所以"等字连结。用作证据的各个事实，都要清清楚楚地与所证实的附从语相关联；各个附从语又要与其所证的纲要语相关联；各个纲要语又要与其所证的题目相关联。从小到大，要一线贯通，无一处破断，才算关联得好。但须注意这个地方所说的关联，不是逻辑的关联，而是要字面上显出的关联。有些地方，逻辑的关系十分明了，好像用不着再加什么连接字，但是由经验的结果，知道这种地方，还是非加连接字样不可，不然，听者便难于了解。应当表示连贯的地方而不表示，辩词便似乎不相连贯，所以转关语不可不用。若遇几件事都是证明一句话的，便当用"第一层""第二层""第三层"……或"不单是这样""还有一层""再进一层""更进一层"等类的话。逐层数完之后，还应总说一句，说明所列举的这些事实是拿来证明什么地方的。

连贯不是随便就可以做到的，编辩词的时候，必须十分留心。编好之后，还要精细校阅。用作证据的东西，虽是一个小小的事实，也不可使它孤立无依，必须把它与题目的关系明确显出。如果有一个地方不连贯，有时便把全部的证据都弄得失了效用。

平常的转关语或承接语，多半在每节的第一句。因为引入新意思，先把它与前后的关系道破，最为清楚。有些时候，转关语要长，非几句话不可。有时转关要紧，简直另成一小节。最重要的是保持连贯性。

本节所讲的东西，有许多都是下两节（有力和流丽）里所应讲到的。本来文体这个东西，要分成几节讲，是很勉强的事。并且分开讨论，也难免有些重复。本书之所以要分开讲，不过是要大家知道那些性质是文体中所应注重的罢了。

（2）有力

什么叫有力呢？就是气势很盛，言辞很得力，有咄咄逼人的气概的意思。辩词的材料是死的，须以活泼生动的言语表达出来，然后足以动听，处处逼紧，处处得力，然后能夺人意志，激人动作。所以编辩词的时候，依上面所讲的一切方法做完之后，还要重新检查一遍，看是不是一篇最有力的辩词。若有可以改动的，便当设法改动，以达到最有力的地步为止。有时把前后的次序变更一下，可以使辩词的力量增高几倍。

辩词要有力，一定要把"加重语气"的方法用得适当。"加重语气"就是把要紧地方的语势特别加重，使听者特别注意那个地方。加重语势的办法中，有一个就是延长篇幅。即把要紧的地方，特别加长。篇幅占得长，自然可以显出它的重要。但加长的时候，不可不同时顾及其他部分的篇幅。各部分所占的篇幅长短不一，其轻重的比例也因之而异。因长短以显轻重，是最省事的办法。一篇之中，万不能处处都加重语势。处处都加重语势，便与处处都未加语势一般。编要略的人，必须预先决定哪些地方是重要的地方，然后专在这些地方去加重语势，其余的地方不妨放轻一点。如果把各个地方都看作同等重要，其结果便是一个死板的水平线，显不出高低，也生不出趣味。辩词里重要的地方，就好像平原里的高山。一篇辩词，必须有几个特别高的"山岳"。因为辩词长了，听讲的人绝不能把其中烦琐碎屑的东西件件都记在心里。如果把重要的地方择出，特别加重语势，便格外容易记忆。

延长篇幅，固然是加重气势的好方法。但是篇幅延长的地方，究竟应该如何利用呢？有三个方法如下：

第一是用比喻。比喻有明喻、暗喻两种，如果用得适当，其效果很大。有时听者听辩之后过了许久，连辩词的大意都已忘却，还能记得所讲的比喻。可见这种方法很可以加重辩词的势力。

第二是用修辞的疑问法。修辞的疑问法，就是故意反问以逼出肯定的回答，或故意正问以逼出否定的回答。这个办法很有气势和力量。明是问话，其实是非常坚决的肯定语。

第三是用重复法。这个方法，是加重语势的方法中最要紧的一个。重复的方法不一，有些只重复意思，不重复话语，有些故意重复话语以显其重要。总之，重复地方不可太多，太多了便使人失去兴趣，甚至于使人讨厌。普通的重复法，只重复意思，不重复话语。如此，可免直率的弊病。还有一个重复法，就是改变观察点。前后的意思重复，但是观察点不一样。上次由彼处着眼，此次由此处着眼，虽两次同是说一样东西，陈述的办法却各不相同。如此则有出没变化的奥妙，不至令人生厌倦心。还有一层好处：听辩的人很多，各人的见解不一，有些人喜欢由这面看，有些人喜欢由那面看，所以改变观察点，可以使许多人受影响，许多人表同情。但须记着，所谓改变观察点，乃是改变陈述的方法，即是"从这面说来是如此，从那面说来是如彼……"并不是把自己的主张改变，先说这一面是，后又说那一面是。

（3）流丽

话语流畅而有"漂亮"的色彩，叫做流丽。前面已经讲过，辩词的外貌与听者的心理大有关系：听者心里欢迎不欢迎，多半以辩词的外貌为转移。所谓外貌，也就是流丽不流丽的代名词。平常的辩词，若只有材料，只有理由，只用直率的叙述，平铺直叙，不加修饰，其结果便只能喻人以理而不能动人以情；只能引起知识一方面的好奇心，不能引起感情一方面的愉快；只能令人饱，不能令人甜。所以平铺直叙之外，还要加一番润色，使言辞流畅才算好。不过这一番工夫，却不容易。

研究修辞学，可以略得路径。但是要想找出一定的规则，便不可能。最好的办法，莫如多看流丽的文章（不是指古文的什么骈文，而是指现在的演说词之类）。多听畅快的演说，逐处揣摩，养成习惯。

以上论兴趣。其中所指点的方法若能用得纯熟，一定能使他人乐听说者的话。以下再论情愿。

情愿（结论动其情愿）

此前讲过，引论生注意，证明生兴趣，结论生情愿。这种说法，不过是大概如此，并不是绝对的有三个界限。其实一篇辩词，在证明的部分，早已种下说服、诱动的种子。听的人听了证明，早已产生了一种心理，亟于要知道辩者的理由的究竟。我们说"结论动其情愿"或"结论造成其欲望"，不过是说证明里所已生的一切功效，在结论里都总汇起来，用最有力、最有势的方法，重述一遍，把行动的热情鼓动起来罢了。

证明里的材料既已维持听者的兴趣，又已下了一个理性上的基础，引起了正当的欲望，到了结论，便只待激动听者的感情，动摇听者的心志了。要想激动感情、动摇心志，一定要把结论做成一个"恳乞式",恳请实行所辩的主张,或希望采纳所说的话。这个"恳乞"应当怎么做呢?要答这个问题,不可不知道常人的心理,看要用什么样的力然后才能诱起动作。以下七点就是能诱起动作的力。

一、必要

如果证明里已经证明自己所主张的办法是必不可缓的,结论的恳乞便应以"必要"两字为基础。以必要两字为辩词的基础,其力甚强,因为既是必要的,则凡懂理的人就一定要赞成采用。除非事实上有特别的障碍,才怕有人不赞成。例如义务教育,能证明它在社会方面是必可缓的,在政治方面是必不可缓的,在经济方面也是必不可缓的,然后下一个恳乞语请求实行义务教育,懂理的人,一定点头称善。

二、利益

此处所说的以利动人,并不是指卑污不正的利,而是指分内之利,合法之利。自利的心,人人都有。以"利"字去诱动他人做事,其魔力最大,辩论的人不可不特别研究。无论什么题目,只要善于穿凿,差不多都可以拉到个人的利害关系上去。现在为便于讨论起见,把"自利"分为三项研究:1.便利;2.快乐;3.实利。

（一）便利

对人说话，若能使他知道某件事情对于他个人很有方便，他心里一定是默默地赞成其事。不过面子上不乐居自私自利的名。所以以私利动人的时候，必须加一点面子上的话，证明这桩事对于社会上有偌大的利益，对于国家又有偌大的好处，听者名利兼全，然后才能期其必动。乡土的问题，如修建学校、修桥、筑路等类的事，与"便利"二字的关系尤切，利用这两个字，最能动人。

（二）快乐

通常的人，多半对于中意的事便喜欢去做，不中意的事便不喜欢去做。所谓快乐，就是中意的意思。编证明的时候，我们已经设法维持听者的兴趣。到了结论，只须把他们的兴趣引到快乐上去。例如建一个新戏园或公园，虽然可以用"公益"来动人，但是实际要建，还需人人都生一种快乐的感想。以快乐动人，魔力也是很大。

（三）实利

以利动人，若能指出实利，说明所拟的办法对于听者私人有何等实在的利益，其效最大。譬如新拟一种税法，你若能向赵某说明实行这种税法可以减少他每年的税额，到了投票表决的时候便可以多得一张赞成票。又如劝一个农夫买一架新式犁田的机器，你若能说明买了这架机器，成本虽高了一些，但是每年可以多收多少粮食，他可能真会去买。这种例子不胜枚举。总之，无论什么辩词，"自利"二字，总是占很重要的位置。所以结论里面，总要设法在听者的脑筋里留一个最深的印象，使他们个个心里都说："辩论者所主张的办法，对于我最有利。"

三、嫉妒心、虚荣心、忿恨心

利用人性弱点，自然是不应该的。但是我们现在所讨论的是辩论术，不能不专就辩论术一方面彻底发挥，以穷原尽委。论证最终的目的既是动作，而嫉妒心、虚荣心、忿恨心等等，又是鞭策动作的原动力，我们如何能置而不论呢？这些心机，隐藏在各人的心里，要想使它们发生动作，都可以利用。例如商人嫉妒同业，便可利用他的嫉妒心，劝他听我的话，另采新法以胜过同业。爽直的公民，最恨专权独断的政客，便可利用他的忿恨心，使他选举的时候另选我的意中人。人类的行为，暗暗之中，有许多不易发现的因果关系，要想使人做一件事，不能不潜心隐察，分析他心之所想。

四、好胜心

好胜心可以叫做"向上的心"，也可以叫做"野心"，也可以叫做"大志"。例如，个人想胜过同辈，社会想整顿教育维持公益；国家想振兴军备，扩充工商业，称雄世界。这些心理，都可以利用使发生动作。好胜心有为人所不取的，也有为人所嘉奖的。例如办一所学校，要想极力整顿，赛过其他各校，这种好胜心便是好的。政客要想争权弄柄，指挥天下以供一人之犬马，这种好胜心便是不好的。辩论家所激动的好胜心如果是前一种，则不但可谓得其利用，并可谓得其利用之正。

五、慷慨豪爽

普通人大半都有一种喜欢慷慨豪爽的心理。这种心理也是可以利用的。俗话说，"戴高帽"。戴高帽的方法，在此便可应用。把听者的身份和地位抬高，说他们是慷慨豪爽的人，他们的慷慨豪爽之气便自然生出来了。

六、好义（义指正义而言，不是义气）

明知不义，偏偏肯去做，这种人，世上很少。所以演说的人，必须能使听者自己去想，自己以为他们所要做的事是很对的，才算有本领。现在的社会，虽然营私为己，到处皆然，但是一个义字，尚未尽泯于人心。是非正邪，大家都有良心裁判。结论要想动人，还是少不得要把正义的精神引到本题，以作为最后恳乞的贴实地基。

七、爱国心、爱家心、爱同类心

义气之动人，其效至大。许多赴汤蹈火、冒镝摧锋的

热烈事业，都是由爱国心而起。至于保家族、护同类，自从
开辟历史以来，世界上许多大功大业，也都是它造就的。表
面上别的原因，虽然很多，但实际上这种爱国、爱家、爱同
类的心理是根本趋动。战场流血，治乱兴衰，都不外是这个
魔力的驱使。所以一篇辩词的结束语，应该把自己的理由推
开一层，说到国、家、同类的身上去，以作为激动义气的
利器。

以上是论结论所应取的态度。以下再讲结论的形式。

结论的形式必须与要略相合，把全篇主要的理由总括起
来，清清楚楚地总结一遍。为什么要这样总结一遍呢？因为
不如此不能使辩词清晰有力。总括语必须把辩词中的各个要
领（纲要语）逐一包括在内。各个要领下面的大理由，若能
并包，也应包在里面。如此重提一遍，然后能使听者把全辩
词的要点从头记上心来。

下面所列的是一个结论最简的格式：

本方已经证明了三件事：第一，……，所以有等差的记
分法没有存在的价值；第二，……，所以有等差的记分法现
在已经弄成一个有百弊而无一利的东西；第三，……，所以
废除有等差的记分法是事实上可以实行的事。有等差的记分
法既是没有存在的价值，有等差的记分法既是已经弄成有百

害而无一利的东西；废止有等差的记分法，既是事实上可以实行的事。既有这三条理由，难道有等差的记分法还是不应该废止吗？本方就理论上推察，事实上考究，以为这种记分法，非马上废止不可。

本章讲结论既完，不可不再把要点叮咛一次。结论最要紧的就是要能使人发生欲动的心愿。全篇论辞的精彩之处，必须体现在结尾／结论。如堵水运槽，上流潺潺而来的水，都汇在堵水的地方，蓄着水势，只待缺口一开，千斤的槽船便要趁着所蓄的水势，开帆直下。辩词里的结论，也如堵水处一般。引论里费了许多心思／设计，然后能引起注意，把注意引到正路上去；证明里费了许多工夫，然后能维持听者的兴趣，建下一个牢固的理论基础；到了结论，便只待收取果实，倘若轻轻放过，不能把引论、证明里所蓄的精锐充分利用，全篇的心思／设计便是枉费了工夫。所以辩论的人，说到结论地方，必须竭其全身之力，以图收最后的效果。感情是证明里所未激动的，结论地方便应把它激到最高，以激出动作为止。收尾处，简直要能把听众的心，自己所讲的话，和自己的人格，融为一体，不辨什么是什么，只觉得有一股排山倒海的思潮，冲动各人的心思，摇荡各人的热情，使心中欲罢不能，非实行动作不可，才算收了真正的功效。

第 *7* 章 复 辩

　　复辩有两个作用，一是保卫自己的建设论证，一是攻击对辩者的论证。驳论便是专主攻击。正式辩论里所说的复辩，乃是指双方的建设辩词（或主要辩词）都已演述之后，每人所演的最末辩词。演述主要辩词，多半是每人十分钟，复辩多半是每人五分钟。普通惯例，除了正方第一辩论员开端时无所复辩之外，以后每个辩论员上台去演述主要辩词，都可以先拿一二分钟做一个短短的复辩，然后引出自己的主要辩词。正在演述主要辩词的时候，也可以随时插入复辩。

　　复辩只限于讨论已经发表过的理由的真伪，不能无中生有，另外引出新的理由来讨论。比如商人劝人买货，说了一些理由要他买，他如对于你所说的理由不以为然，你必得再仔细说给他听，解释他对于你所说的理由所生的一切疑问。再进一步，他若另外说出了不买的理由，你应设法把他这些理由驳倒，使他无话可说。大凡与个人谈话，若要劝他做某件事，必须一面设法巩固你自己所持的理由，一面设法驳倒他所发的意见。在团体中辩论，若要提议实行某种制度或实行某项事件，必须一面预备解答反对实行的议论，一面预备驳倒一切另采他制的主张。这其中的细节／环节甚多，应如何预备，如何演述，都非熟知不可。所以不能不以专章讨论。本书讨论的方法，是以辩论的形式为纲，所以现在讨论复辩，也是只从辩论的形式着眼。不过大家须知道这里面所讲的原则，并不限于辩论。辩论以外，还有许多地方都能适用。

复辩的预备

复辩的预备，切不可轻视。若临渴掘井，不事先预备，多半井是掘不出的。预备复辩，应与预备主要辩词同样重视。要见得远，识得透，懂得的确。还要所见、所知、所懂的，十分纯熟，用时才能奏效。预备复辩，须讨论两事：第一是材料的出处，第二是材料的排列。

一、复辩材料的出处

（一）编主要辩词时所得的材料

编要略、编辩词以前以及正编的时候所做的调查工作，一定已经把题目的内容知道得很透彻了。所得的材料，或是因为限于篇幅和时间，或是因为放在主要辩词里不合适，或是因为好的材料太多不能全都用上，所以到预备复辩的时候，还有许多事实是未曾用过的。这些材料都应该拿来重看一次，以作复辩的材料。原来的分析表，现在应拿来仔细检察，以一种批评的眼光去看，尤其要注意反对者的理由。拿自己的理由和他的理由详加比较，看他的理由何处坚固，何处薄弱。还有当初搜集材料时曾经调查过的一切出处，现在都要设法再去找出材料来。现在找材料，比当初容易得多，因为题目的内容早已清楚。

　　自己的建设辩词里如果有可以攻击的地方，定要调动所有的复辩材料去防范。先从辩词里的各个断案看起，然后看每个断案之下，有没有材料作为证据。一个断案之下，要想把可以作为证据的材料全都加进去，自然是不能的。但是特别薄弱的地方必须找出，找出之后，便可多加证据，极力去防护。立论要想万全，虽然几乎不可能，但是注意防范，使其十分坚固，却是做得到的。

　　既把自己的建设辩词防范好了，便要注意对手的主要理由。对手的主要理由，分析题目的时候已经看出来了。对手可以进攻的路径，此时必须条条看透。他要如何发言措辞，虽然不能预料，但若分析得精细，其中潜伏的根本大理由一

定可以抓住。既抓住根本大理由，便当择最好的材料，用最
快捷的方法去驳倒他。此时找驳论的材料，一定要像找主要
辩词的材料那样用心。对手的理由，只要找出弱点，便应极
力把它披露出来，再用极充分的弹药攻将进去。至于记录材
料的方法，与本书前面所讲的无异。记录复辩材料的卡片，
叫做复辩卡片。下面便是复辩卡片的格式：

考试无存在价值	杜威
"学校教育，是沟通个人和社会的工具。"	
（《杜威教育哲学》第……页）	

（二）书籍、报纸、公文

所辩的题，有时是经人辩过的。遇着这种时候，便可在
书籍报纸中找出现成的复辩材料。现成的复辩材料，虽然不
可全靠，但是搜集来也有很大的帮助。其中的内容究竟可用
不可用，还是应依照搜集主要辩词的材料时所依的规则加以
取舍。

从前所写的卡片，现在应拿来重看一遍，看有哪些材料
来源是与重要争论点有关系的。这些材料，应该特别选出，
与复辩材料放在一块。复辩时，材料的出处是很要紧的。譬
如，对手所根据的是一个无名的著作家，我所根据的是政府

的公文，他的材料便远不及我的可靠。所以要紧的争论点，其材料的出处必须特别留心。转录的材料，不如原始的材料好。转述的材料，不如原人所述的材料好。无名的人所说的话，不如有名的人的好。有时名人的意见，也随时代变化，所以引用名人的话，又以最近的为好。我引名人的话，引了最近的，对手引他的话，引了较旧的，我所引的便比他所引的强。至于要引多少材料才算够，还是要依本书前面所立的原则。（详见第 65 页）

（三）问题

善于发问，是辩论最要紧的一件事。预备复辩时，必须自己预备几个棘手的难题问对手，又要预备材料以答复对手的问题。如果没有想到问题，便不是周详的预备。通常发问多半在主要辩词里发，要对手在复辩时答。这种问题，不是前面所说的修辞的问题（反逼问题），而是真正要对手答复的问题。

这种问题有三个用处。第一，对手要想躲避的论点，可以逼他答复，使他硬把确切的主张说出，别无含糊的余地。第二，可以把对手逼到进退两难的境地，答复则自破其壁垒，不答复则显见其薄弱。第三，可以耽搁对手的时间，他来答复我的问题，费了一分钟，他便少有一分钟的机会说别的话。

有些辩论家，善于逃避主要论点。逃避的伎俩比认真辩论的伎俩还高。遇着这种情形，非连用若干问题，不能把他一步一步地逼到论点上来。逼不到论点上来，便不容易把他的丑处显示出来。还有些人，知道自己的理由某处很虚，便用许多花言巧语以图遮盖破绽，故意逃避真正的论点。遇着这种情形，单刀直入的问题最有用。把问题的字句，弄得如春秋那般严厉，清楚直接，不容丝毫含糊，不留一线逃路，非得到确切的答复不可。字句间也要弄得语势极强，关系极重，使对手的心里不敢置而不答。

对手如有问题要求答案，本方也必须答复他，并且应圆圆满满地答复。若不答复，便应声明不答的理由。林肯和道格拉斯之间有一次著名的辩论，从 1858 年 8 月辩起，这次辩论，两边所用的问题都很多。第一次在伊利诺伊州举行，道格拉斯问了林肯七个清清楚楚的问题。第二次在弗里波特举行，林肯把这七个问题重述一遍，简简单单地照所问的要点逐一答复。当时他说的话如下：

在第一次辩论会里，道格拉斯问了我七个问题。那时我发言一个半小时，讨论他别的话去了，七个问题中我记得只答了一个。当时我曾经向他提议，若是他同意回答我同样多的问题，我便同意回答他剩下的六个问题。他当时无所表示。

到他复辩的时候，他也不置可否。但是他的复辩词里的话，差不多有一半的口气都是以为我是故意拒绝他的问题不肯答复。我现在又提议，要我答复他的若干问题我都愿意，但是他也要同意答复我的问题，我才肯答他的。我答他若干，他也应答我若干。我现在就请他表示态度。（略停）现在他既不说话，我就不管他肯不肯答我的问题，姑且把他的问题先答了再讲。答了之后，我也把我的问题提出。……在答复之前，我先把他所问的问题重述一遍，然后逐一答复。我深恐口头的言语有误，所以把原题和我的答案都写出来：

（问题一）逃亡奴隶规条，在1854年的时候，林肯主张无条件取消。我要问他现在还是不是如此主张？

（答案一）逃亡奴隶规条，我从前并未主张无条件取消，现在也不主张无条件取消。

（问题二）1854年林肯主张尚存奴隶制的州，如要加入美国联邦，即令人民愿要它加入，国家也应拒绝它加入，我要问他现在还是不是如此主张？

（答案二）尚存奴隶制的州要加入联邦，我从前并未主张拒绝，现在也不主张拒绝。

（问题三）倘若有一州要想加入联邦，但是这州的宪法，是由州民自定。请问林肯是不是主张拒绝加入？

（答案三）倘若有一州要想加入联邦，虽然这州的宪法，是由州民自定，我并不主张拒绝它加入。

（问题四）哥伦比亚特区废止奴隶制一案，林肯现在赞成不赞成？

（答案四）哥伦比亚特区废止奴隶制一案，我现在不赞成。

（问题五）禁止各州间贩卖奴隶，林肯赞成不赞成？

（答案五）禁止各州间贩卖奴隶，我不赞成。

（问题六）美国特别区域以内，不分奴隶界的南北，一律都禁止奴隶制，林肯赞成不赞成？

（答案六）美国特别区域以内，一律禁止奴隶制，我虽不明确表达什么态度，但是我心里以为这是国会权限以内的事，也是国会责任以内的事。

（问题七）我请问林肯是不是主张"新加入领土必须先把领土内的奴隶制禁绝，不然，便不准加入"？

（答案七）正当的增加领土，我并不反对。如果新领土内有奴隶制，只要增加之后不至于影响国内已有的奴隶问题，我也不反对。如果影响了国内已有的奴隶问题，我便反对。

诸位请看，我所答的答案，无一处不是严守问题的范围。问题里只问我赞成不赞成，我也只答赞成不赞成。但是我心里还有几层真意见，不妨再说几句。

上面这个问答里，须注意林肯要求道格拉斯照样回答的条件。我答几个问题，你也应答几个问题，显见其公平。至于道格拉斯不赞成他的提议，他便堂堂正正地宣布不管对手答不答他的问题，他也要答对手的问题，这又显出他的大方。再看他所答的话，何等认真直接。答完之后，还要说几句收尾话，表示他的答案无一不是严守问题的范围。表示之后，又再次阐明了自己的真实意见，更见其公道大方。这些都是很可以效法的。阐明之后，他便向道格拉斯提出以下几个问题：

（问题一）假如堪萨斯州地方的人民要想加入美国联邦，但是他们的宪法要由他们州民自定。并且依法，新加一州，其人口必须满九万三千，才能加入。倘若堪萨斯州加入，处处都合资格，只有人口一层，尚不满九万三千。请问你是否赞成准他们加入？

（问题二）美国特别区域以内的人民，在未有州宪法以前，要想显然违反美国联邦国民的意志，不准有奴隶在区域以内存在，请问他们在法律上有没有这种权力？

（问题三）如果美国最高法院决定不准各州拒斥奴隶入境，请问你是否表同情，是否愿遵行不悖？

（问题四）你是否赞成"只要能增加领土，即令增加之后，全国的奴隶问题因而大受影响，亦所不顾"？

问题的用法，由上面的例子看来，便可知晓。林肯提出的第三个问题，就是把对手逼到进退两难的问题的好例子。这种问题，可见林肯分析的本领之高。看看下面的情形，便知道其中的曲折了。

美国最高法院曾经决定过"国会没有禁止特别区域以内的奴隶制的权力"。林肯当时不以为然，曾经正式加以批评。道格拉斯见林肯敢于批评最高法院所决的案子，便加以诽议，说："无论何人，若敢批评最高法院所决的案子，便是大逆不道。"林肯也曾骂道格拉斯，说他勾结民主党员，图谋不轨，想在全国范围内推行奴隶制。并且拿出证据，证明他们的图谋差不多就要成功，只缺最高法院"禁止各州拒绝奴隶入境"的一个判决了。还说道格拉斯极力运动，想得到这样一个判决。有这种情形，所以林肯才问出第三个问题。

假设道格拉斯做出肯定回答（就是说愿意遵行），那么林肯说他勾结图谋便证实了。马上便叫他手足无措。林肯所占的便宜，也就不少了。假若他做出否定回答（就是说不愿意通行），那么他便也是反对最高法院的判决。从前他指斥林肯，现在自己却犯了同样的罪，还是不免陷于手足无措的地步，终究让林肯占了便宜。所以这种问题，无论是做肯定回答还是否定回答，都是对自己不利的。

善用这种问题可以把论点引到很窄的地方，用很厉害的方法把对手的破绽都披露出来。比如，辩论实行联省自治问题，反方便应要求正方说出联省自治的详细办法来。正方若不肯说，反方便可以说他的主张是空的，是毫无把握的，是不能实行的。并且可以说他没有周全的计划，怕人指出弱点，所以不敢说出具体的办法。如果正方真把具体的办法说出，便容易指出破绽的地方了。所以要求对方说出具体的计划，提出要求者横竖都是占便宜的。但是被要求的人，也有办法处置。通常多半说"我们所讨论的是原理，不是计划"，便可答复。这样答复之后，双方便都在根本的原理上去争论，等到原理中一切难题均已解决之后，即令要拿出一个具体计划来，便也不算什么难事了。若有具体计划，便可在此时拿出。总之，遇着这种情形，两面都有大逞才能的机会。见地深远和分析敏锐的本领，都可以看得出来。

二、复辩材料的排列

搜集材料既够，便要排列材料，使一切材料要用时可以随手取出。因为材料很多，不能全凭记忆力记住，所以要有一种分类法。凡演述复辩时用得着的一切材料，都应包罗在这个分类法之中。假若所有的复辩材料，可以够一两小时的复辩，但通常的规则，复辩只有五六分钟，如果没有一个井然有序的分类法，怎么能运用这样多的材料呢？即令没有时间的限制，也不宜使它混杂，以致临时要用的时候，要翻来覆去地找，使听者着急。所以各张卡片，放在什么地方，都应该确实知道。驳论时要用哪一个证据，必须马上就能找出才行。恍惚大概的记忆是不行的。比如，对手引教育统计里的报告引错了，你记得教育统计第二册里某个地方有一幅小小的统计表可以证明他的错处，你若只能这样恍恍惚惚记得一点影子，讲出来一定没有效力。必须记得在某册某页或能当下把书翻出，然后能指出对手的错处。有时你虽然确确实实知道引某个证据对自己很有利，但是你若不能把证据的出处说得丝毫不错，对手便有争论的余地。这是实际辩论时常见的事。所以排列材料，是预备复辩时最要紧的一步。

（一）卡片的分类

复辩的卡片，须用若干标题，分为若干类，把所有证据材料都包括无遗。要用多少标题，自然是随地而异，但是分部的数目，越多越好。分部要多，然后能把卡片分成很小的股数，便于手拿。但是也不可太多，以致互相混乱。实地练习时，用四个以上八个以下便够了。例如辩论"美国对待各国侨民，应不分界限"，复辩卡片便可分为三股：1.经济上的影响；2. 社会上的影响；3. 政治上的影响。

三股之中若有一股太大，不便携带，也可分成些小股。例如社会上的影响，包括很宽，比其他两股的卡片的总数尚多，便可分为以下两个小股：（1）同化；（2）道德及罪犯。照这样清晰地分类，能使辩者对于复辩的材料十分熟悉，要找什么地方，马上便可以找着。找的时候必须极其敏捷，因为对手马上说的理由，马上便要答，此时时间是最贵重的。还有一层，翻找卡片如果费时太多，心里的注意已移在翻找上去，有时竟把对手刚才所说的重要话漏掉几句，也是常有的，所以一定要快。

正式辩论的时候，所有复辩材料，有时由同组辩论员轮流专管。用这种办法，卡片必须写得极清楚，使同组的辩论员个个都能看得明白、了然。轮值的人坐在本组席上，所有本组各辩论员的复辩卡片都放在他的手里，或放在一个地方装好，归他管理。他听着对辩人讲出什么理由，马上把那个论点最强的复辩材料找出，递给本组正要发言的辩论员，以便即刻答复。照这个方法，答辩的人可以专心去听对手所讲的话。轮值的人，只管寻出材料。如果是全组辩论员同力合作的预备，这种办法便特别有用。

（二）书籍、报纸、公文的排列

前面已经讲过，特别重要的书籍、报纸、公文，应选出放在手边。放在手边的意思，就是预备复辩的时候临时翻阅。凡临时翻阅这一类东西，一定要心里先有成竹，知道什么材料应在什么地方去翻。书籍、报纸、公文的材料既是很多，就也不能不用分类法理出头绪。有一个分类法，就是预备一张索引的卡片。卡片上方写明要驳的标题，下方便写明驳复的材料是在什么书籍、报纸、公文里的某册某页。对手说出他的理由的时候，只须在这张卡片上看一看，便知道那本书里的什么地方可以找出答复的材料。凡书中复辩材料所在的地方，都应夹一张签条，把签条的头子露出，写明那个地方的页数，或写一个简单标题或记号，表明那个地方所说的是什么东西。书页上材料所在的地方，其字句应特加标识，以清眉目。加标识的字句，必须是刚好要用的字句。不可加得太多，以免看时浪费时间。

这种用索引指示书报公文材料所在的办法，到了要用的时候，才知道是万不可少的。辩论者对于这个用法，应多加练习，达到操纵自如的地步。如果辩词是全组共同预备的，这个索引卡片便可归轮值人掌管，与其他卡片同样看待。辩论人要用材料时，由他找出提供。若是单人辩论，所用的书报文件很少，便可不用索引。不过加签条和加标识的办法，仍然要用。

初练习用索引的时候，多半觉得不便，但若每次辩论都用这个方法，久而久之，也就熟能生巧，自然可以神速。善用这个方法，对复辩很有帮助。但是预备的工作，必须做得格外周全。什么细微的地方都要纯熟，每张复辩卡片都要记得清楚，只须一瞥便能知道内容。得了复辩卡片之后，朗读也是很要紧的。复辩的全部精彩，都在朗读的时候。所以这个地方，必须有神气、有力量。但是要想读时有神气、有力量，非在预备上下功夫不可。

（三）总括语及收尾恳乞语

预备的工作既已做完，还有一个要点不可不留心。就是说，复辩的收尾必须特别有力。收尾地方，绝不可听其自然，怎样容易收便怎样收。专业辩论家，技艺精湛，收尾处自然可以临时斟酌。但若不是专业辩论家，便不宜如此胆大，应把总括语和收尾恳乞语预先想好。多人辩论的时候，收尾处乃是复辩最后一人的事。最后这个人，应该先想好收尾的方法。总括语必须强到不可再强的地步；凡说过的一切重要理由都应包括在内；两方的争论点与两局的形势也应简洁说明；若两方互有问答，则问答的结果也应总括几句。这些东西都说完之后，还要做一句最后的收尾祈使句，请大家共同表示赞成辩题中的说法或共同表示反对辩题中的说法。

下面的例子，是一个很好的结论模范。其辩题为"为了美国政府，应该征收遗产增加税"。正方最后一人的总结语如下：

我们曾经问过反方："社会上因遗产累积而产生的问题，单凭现行法律效力，怎么可以解决？""财产照这样积累下去，究竟有什么好处？""管理权，究竟应该用在什么地方？"反方所答复的话，你们大家都听着，难道可算是圆满的答复吗？

我们正方，已经确实证明中央政府因为政务繁忙，所以必须征收遗产增加税以增收入；又证明这种税制从前曾经实行过两次，实际上的确可以实行；又证明这种税制既是一种国家税，所以有稳固性，有伸缩性，有经常性。

我们曾经说明吞并财产永远继承，足以酿成工业上的阶级制。工业上的阶级制，既非美国所应有，而其弊端又不是普通的法律所能解决的，所以就救弊的方面而论，遗产增加税是万不可不有的。我们又曾经提出具体的办法：第一，拿走巨额遗产中的一部分，足以整治弊端；第二，用强迫多纳租税的方法，也足以整治弊端。有这些具体办法，可见遗产税制实际上是可以实行的。我们最后又曾证明实行遗产税制，足以加重继承遗产者的负担。防患于未然，可见遗产税制所生的效果利益很大。

简单说来，反方所主张的简直是想做吞并财产的好手，要累财积资，变为贵族，恣意妄为。我们所主张的，是要扫除社会的弊端，实现机会均等，使平民兴起，大家为政府的主人翁。反方要助成贵族主义；我们要永保平权主义。

所以我们最终的一句话，就是要请你们对于遗产增加税这个问题判决取舍的时候，想一想全国的福利，认定这个税制是辅助现行法以救弊端的法律。请你们不要忘记"大政治家的眼光是长远的，一般常人的心理是守旧的"。总而言之，我们唯一的希望，就是希望大家能实行这种税制。

这种结论是何等的气魄！凡预备复辩的结论，当与预备主要辩词的结论同样留心。复辩结论与主要辩词的结论不同的地方，只是复辩结论里重在讨论对手的理由。复辩结论是最后的辩护机会，不可不竭尽全力。

复辩的演述

演述复辩的时候，应遵守下章（第八章）所讲的一切规则。下章里的规则，性质是普通的，无论演述主要辩词或复辩，都应遵守。但演述复辩与演述主要辩词的情形，有些不相同的地方，所以演述复辩，尚应另加注意。以难易而论，演述复辩较难。要想演述得好，必须心思敏捷，能明辨局势，能把握要领，能彻底分析，能当机立断、毫不踟蹰，并且要口齿锋利，能把论断斩钉截铁地说出。没有这些本领，根本说不上复辩术。

一、注意对手的辩词（理由）

复辩的第一步就是留心对手的辩词，处处注意周全。倘若漫不经心，对手的理由没有听见，或听到而未了解，怎么可以驳复呢？一个题目的讨论，有几条必经之路。如果预备复辩的工作做得周全，这种必由之路，一定是胸有成竹。对手开唇启齿，所说的是什么话，也一定很容易捉摸。不过他说话的时候，总要处处留心，处处跟随他陈述辩词的路径。切不可片刻离题去想别的东西。凡在对手说话的时候，要集中自己的全副心思。听到奇特议论的时候，心不可慌，慌了便容易为他所混。只要你准备充分，你仔细再听他的新奇议论，一定不至于出乎你所预备的范围以外的。大抵一个题目的材料和理论，普通辩论所能收罗到的，翻来覆去也不过是如此如彼，绝不会突然出了什么新鲜的议论。其所以乍听上去有点新奇，不过是因为陈述的方法新奇而已。其实真正材料，都是彼此所共知的。遇着这种时候，务须镇静，迅速把他的真正用意抓住，把混人眼目的复杂话化为简单明了的话，再把自己的复辩材料与他的话关联起来。此时分部与全部的关系，甲论点与乙论点的轻重缓急，必须了然于心。总之，复辩的秘诀，不外要仔细留心对手的辩词。

二、选出应驳的议论

对手的议论很多，切不可一概都去驳复。一概驳复不但很难，并且是很蠢的事。一条链子只要弄断了一个关节，哪怕它不断？所以辩论家必须分析敏锐，能把命脉所在的地方与无关痛痒的地方区分出来。如果对手是辩论的内行，他便一定有几个确定的要领，并有几条确定的证据和理由。遇着这种对手，复辩便很容易。要想直接驳倒他的要领，只须证明他分析题目的方法不对，或证明他的证据里或推理程序中含有谬误，就够了。如果对手不是有经验的内行，便可先把他的辩词理出头绪，化成几个确定的要领，然后照上面的办法去驳他。对手所发的理由，有些时候简直和我预先写在我的复辩卡片上的理由丝毫不差。遇着这种时候，便可直接用我的复辩卡片，不必另外笔记。倘若他的理由不与我的复辩卡片吻合，便应当时把它择要记录下来。记录的时候，虽然要快、要简，但所记的必须是对手的真正主张，分毫不差。

不然，别人不是说我故意编造，就是说我不留心，抓不住对手的话的要领。记录的时候，必须择其利害攸关的地方记。记法有两种，一是记录大意，一是记录原语。记录原语，是最稳当的办法，因为他自己所说的话，没有变更躲闪的余地。但若对手的主张，其意十分明显，不至使人误会，不过所用的话语有些含糊的地方，便可用记录大意的法子，把他的话语改成明白的话语记下。两种记法，各有适宜之处。总之，无论什么辩词，总要先把浮于表面的东西去掉，用简单明了的话语表出，然后可以驳复。

如果对手证明一个题，用了几个方法，而这几个方法之中，又只有一个真正坚实的证明，复辩时便只须择这一个来驳复。对手的理由虽多，有时几个理由，也可以合并起来，只须一个理由便可以驳复。所以复辩时又须注意此点。若能一举驳倒前后许多理由，省事的地方便不少。排列复辩词的次序，也是很重要的。许多理由都是要驳复的，但如果驳复的先后安排有序，便可省许多力。如，有甲、乙、丙三个理由，甲是附属于丙或与丙有连带关系，便可先驳丙后驳甲。驳丙的时候，扼要的理由都把它说尽，等到驳甲的时候，只须顺便提及驳丙的理由，就可以了。如此排列，很省事。

前面说过，每人演述主要辩词的开始，可以先用两分钟驳复前一人的辩词。这种驳复，最好开口便驳他刚才所说的理由中的最后一条，这样可以显示出敏捷的本领，使复辩格外出色。驳完这条理由之后，再把他其余的理由择出一两条重要的来驳。驳完，然后从从容容地引入自己的主要辩词。还有一层，下一章讲演述法的时候也要讲到，就是说，主要辩词里，虽然是重在建设（使己方的理由成立），但是也要处处带破坏的性质（使对手的理由不能成立）。要能一箭双雕，才算好手。

三、朗读引证语

朗读引证语的原文，在辩论里是很重要的一道手续。若遇两方所争论的专是在所引的证据的字句上，能引出原文的人便一定得胜。例如两方都引用了相关教育法令，正方说其意是如此，反方说其意是如彼，若有一方能将教育法令中的原文读出，自然定占便宜。普通人的心理多半是看见书本明文，便容易相信。书本上的明文，是看得见的东西，可提可摸，不像口头话语那般变更无常。有了明文作证，可以使证据分外可信。

复辩时可以翻书作证，前面已经说过。翻书应如何敏捷，书上的语句应如何标识，以及内容应如何纯熟，也曾经仔细讨论，此处不必再讲。不过朗读的时候，还有几件事应该知道。口里虽在朗读，眼睛务必时时注视听者。手里虽然拿着书，也不过是翻来做个引子。读时务必要慢，又要字字清楚。文意含糊的地方以及字音难辨的地方，务必加一点解释。正有关系的地方，务必提高腔调，特别加重其语势。读到书上的文字与对手的理由恰相矛盾的地方，不妨故意重读一遍，以引起特别注意。

四、辩论员同力合作

辩论若不是单人的，便是分组的。分组的辩论，每边共有几个辩论员。这几个同组的辩论员同攻同守，便叫做同力合作。恰像踢足球一般，足球队的队员必须彼此联防，合力进攻，虽然各有各的任务，但行动的时候总是联成一气。辩论既是分组的，每组便是一个单位。战争是组与组的战争，不是个人与个人的战争。所以各个辩论员，都应该牺牲自己个人的偏向，以将就全组。遇着对手的理由有必须驳复的地方，继续发言的人便应马上驳复。不可以为"驳复这条理由不是我的责任，而是本组某辩论员的责任，应该等他发言的时候让他自己去驳"。

五、对待对手

辩论不是与人吵闹。其目的乃是要阐发真理，把正当的主张输入听者的心里。所以对手并不是仇人，对待对手的态度也不应有违公道。辩论里只容真理战胜，不容别的东西战胜。虚夸、狡诈、忿怒、嫉恨等等恶德，乃是辩论里所不能有的。辩者对于对辩人，必须忠厚诚恳，礼让敬重。设计立言，必须处处顾他人的品位，顾自己的人格。恶言、詈骂、嘲笑等事，都是不应做的。讨论便讨论，不必让这些无意义的行为掺入其中。

前几世纪的辩论，以笑骂为能事，要能笑骂，然后才能令听者佩服。现今的辩论却大为改观了。现今所注重的是理由，不是对辩的人。研究一个问题，贵在虚心探索。嘲讪风生，固然足以使听者发笑；舌尖锋利，固然足以使听者畏服；但这不过是一时的兴会，一时的感想。兴会一过，反响便生。几分钟以前，博人欢心，受人钦佩；几分钟以后，不仅欢心尽失，钦佩尽消，恐怕还要反遭讥议，所以无理的舌锋，不必逞能。如果对手以这种不合情理的口齿待你，最妙的答复是置若未闻，还是正正经经把正题拿出接着讨论下去。清清楚楚，不紊不乱。

攻击对手，不可责备他居心不正，也不可说他故意作伪，捏造话语。如此攻击，不但太不客气，并且毫无用处。如果他真有不忠厚、不爽直的地方，或引用他人话语的时候果有故意变更、故意作伪的事实，也只须据理辩驳，自然可以把谬点证明出来。虽明知对手有错，也应该把它认作无心之错。林肯最喜欢用的办法，是先说"对手的理由，初听时，似乎很对，但细考究一下，便知道实在是不对的"。有时他还详详细细地解释，说他自己从前的意见与对手的意见一样，过后又因为见了些什么证据，然后把意见改变了。这种婉转，不仅不至于得罪对手和听辩的人，并且可以把他们的心引来，随着自己的意思走。使他们的意见已经随话头而变，还不自觉。

　　自己对待对辩人，却不可不爽直厚道。明知是假的事实，不可投机取巧，使对手误以为真。明知是真的事实，不可用机巧的方法掩盖，使对手误以为伪。凡以伪作真、以真作伪的事，都是伤忠厚丧人格的。有时要领所在，明知很难去说明，便故意不管，或用搪塞模糊的话把它遮住。这种行为最可恨。实在说，要想真占便宜，确获实利，非绝对公道地对待对手不可。尽管是希望利己胜人，也要爽直公平。要想听者信服你所说的话，也要使他们觉得你的心地公平。要想使他们觉得你的心地公平，则要保持公平之心，公正地对待对手。总要先做人，再做事。居心不正，哪里能算是一个人，哪里还有令人佩服的资格呢？斯文人讲究礼让；科学家热心探求真理；辩论人必须兼备这两种美德，然后可以说服他人。

六、总括语及收尾恳乞语

本章第一节已经说过，总括语和收尾恳乞语应提前预备。现在既把对手的重要理由驳完，便是演述总括语和收尾恳乞语的时候了。辩论若有时间限制，便应早留余地，把所预备的话完整讲完，以免意思未终即被阻止。未终而被阻的结论，总令人觉其不全。至于收尾的格式，前节已经讲过。下章所讲的是演述法。复辩者在这收尾的地方，不但应适用下章所讲的方法以强其辞气，并应注意两事：1.应自觉很有把握；2.应自居维护真理的地位。辩论的终局已到，日积月累的准备工作，成败就在这最后的顷刻之间，此时责任，何等重大！辩者必须抱有必胜之心，并须把必胜的精神，显露在措辞之中，使听者见着他这番勇往雄断的样子，也觉得他是占必胜的地位。这就是"自觉很有把握"的意思。同时又要想到自己的责任是为真理而战，自己所辩护的乃是世界上不变的道理。即令一时不幸，辩论受屈，心里也不应生丝毫恐惧之心。维护真理的精神，或胜或败，都没有丝毫增加，也没有丝毫顿挫。只要有这种精神，劝人从正的根本要件便已具备，胜败又何足轻重呢？

第 8 章　演述辩词

　　演说家常说:"演说词虽然不好,只要口头善于演述,便是好的演说。演说词虽好,倘若不会演述,倒不如演述得好的坏演说词。"又说:"评判演说的优劣,演述的好坏足足占了百分之七十五,演说词的实质只占百分之二十五。"这些话准确与否,姑且不论。总之,演述法的好坏,与辩词的功效大小成正比例,是确乎无疑的。讲到演述法,本来要涉及演说术的全部,不过我们既是单讲辩论,所以只能就演说术中可以直接适用于口头辩论的部分择要讨论如下:

演述辩词的方法

一、朗读法

　　朗读法就是把辩词写好,当众朗读。这种方法是最不中用的方法。第一,读者或快或慢,听者很不容易跟从,不懂的地方,只得让它跑过。第二,字音容易混淆。第三,没有停顿的地方，听者不能玩味所说的理由。第四，朗读者为字句所束缚，不能像说话那样有神。第五，听者懂与不懂，朗读者不能察颜观色，无从得知。第六，读者自读，听者自听，不是直接的对谈，所以不能以心感心，朗读者与听者不能产生共鸣，好像隔了万重山岳一般。弊病如此之多，但是有些人只图简便，偏要用它。本书因为想改变这些人的习惯，所以特别把其中的弊病都写出来，以免再蹈覆辙。无论课堂练习、正式比赛、真正演说，均不宜用朗读法。

二、逐字背诵法

逐字背诵法，可以直接传达说者的意思于听者，又可以加些抑扬顿挫的腔调，比朗读法自然好得多；但是话语既是固定的，便不能自由变化，以与对手的理由相对应，这却是它的短处。学校里练习辩论，尤不宜用逐字背诵法，因为死板的背诵，没有多大的用处。练习辩论的目的，是要使学生能临机应变，见事发言，将来可以把这种本领，用于日常生活之中。只知逐字背诵，哪里能练出这种本领。

三、记忆法

不记字句，只记大意，叫做记忆法。记忆法须有一篇写好的辩词做底子。辩词既已经过许多手续，编写完善，现在用记忆法去演述，最容易达到说服的目的，记忆法有三步：

　　第一步，先把辩词缓读几遍。缓读的目的是要把全篇局势，准确地印在心里。这一步，多半到辩词写完的时候便已做到。

　　第二步，把各段的大意记住。本来要略里的一个标题，多半就是辩词里一段的大意，因为辩词是依据要略的标题发挥，每个标题大概都是另成一段。不过记各段大意的时候，还是要依辩词的语气去记，不可单记要略里的标题。因为照这样记，不单是可以把各段的大意记住，并且可以把这个意思与那个意思的关系记住，又可以把每个意思在一段里面如何发挥、如何转接等等情形一概记住。此外还要把各个意思先后的次序记清，然后能从头至尾，全篇连贯。

　　第三步，把每段里各句的意思记住。辩词里的一句话，看起来虽是一句，其实之前准备的时候，做过许多工作，选过许多材料，然后才把它提炼出来。话虽是一句，意义颇多，尽在作者的心头。所以要去记忆，一定是不难的。记一句话的意思，必须记得完整，要能不看文字，把意思说出来。有许多句子，只须记一两个重要字，便能把全句的意思记住。有些句子，须多记几个字，然后能把全句的意思记住。但无论什么句子，总不宜字字全记，只宜择其关键字去记。其余不关紧要的字，或是说明语，或是扩充语（阐发主要意思），或是限制语（对于主要意思加限制或形容），或是承接 / 连接词语（承上启下的话），记忆时应该一概去掉，等到演述的时候，临时加入。

用这种记忆法去演述，好处很多。一则很自然。二则很直截。并且话语是临时编的，很有触机而发的生气。既能使说者心里时时不离题目，又不至于像逐字记忆法那样死板。最占便宜的地方，就是能见景生情，顺着对手的辩词活动。辩论的材料，既然已经十分熟悉，字句上又不受原文的拘束，发表时自然是很自由的。辩论人未辩之前，必须设想对辩人发言的种种套路，再用种种顺应的方法练习演述自己的辩词，以便到正式对辩的时候，无论对手从哪方面发言，自己都能直接应付，有"条条是路"的光景。这种练习，不单是辩论场中有用，就是将来投身社会之后，无论做什么职业，都是日用生活里所不可缺的。

演述的办法很多，不能逐一详说。不过上面三个之外，还有一个"根据要略，临时发挥"的办法，也是很重要的。这个办法虽然用的人也不少，但是弊病也是很多。临时发挥，口气总不十分强固，显不出"精密""确凿""丝毫不差"的样子。并且说明一个地方，多半要费时费力，不如用准备好的句子那般直截了当。专用临时发挥法，还容易说话漫无边际，重点不分。

即令演说时只想跟着辩词的大意发挥，但是辩词总宜先用笔写出才好。写过一次，将来所说的话，一定分外确定。用笔写过，就好像在心踏过一条路径，演述的时候，有了这条踏过的路，就绝不会迷在旷野了。总之，临时发挥法总欠紧束，又没有记忆法那样准确，用来演述主要辩词，总是不太好。真要用这种方法，一定要经验丰富才可。学生练习，还是以记忆法为佳。

还有一个方法，是把辩词的引论和结论写出记熟，证明里重要的部分，也写出一些记熟，其余的都待演述时临时编。用这种方法固然很好，但是时间容易没有限制，并且记熟的部分与未记的部分之间，必须善于接头。没有经验的人用这种办法，多半记熟的地方说得很流畅，未记熟的地方便陡然生涩，全失辩词的精彩。听者只知道去留意他这种忽生忽熟的怪现象，没有心思去听辩词了。

无论从哪方面说，记忆法总是最好的方法。不但对于初学的人很好，就是对于很有经验的人，也是很好的。用这个方法记忆，无论如何，总不至于有遗忘的恐慌。若用逐字背诵法，便无时不是战战兢兢的，深恐忘了一个字。

辩论者还可把辩词提纲挈领写在若干卡片上，带上讲台去，以备遗忘的时候得以临时翻看。这种卡片是辩论场中所许可的，携带的时候不必藏匿。完全可以大大方方地放在近身的桌案上，随手可以取用。切不可放在衣裤的袋子里，临时摸索取出，惹人诧异，令人看出生涩的缺点。用这种卡片的时候，务必从容不迫，且要到不得不用的时候才用。若时时翻看，会显得准备不足，使听者产生不好的印象。古话说："兵可百年不用，不可一日不备。"这种备忘卡片，也是如此。有许多演说家，虽放了些卡片在桌上，从未见他用过一次。

有形的准备

常有人说："演述要'自然'。"这"自然"二字，害人不浅。其原因是把自然的意义弄错了。若把它的意义理解准确，不用说，演述是应该自然的。有些人一听到应该自然，便以为自然就是放任，什么演说术中训练身体的规则，一概不管。演述的姿势动作，也以为是可以不管的。其实大错特错。哪里可以照这样一笔抹杀呢？就一方面说，所谓身体上的准备，固然是一些不要紧的细事，无非是什么姿势、动作之类东西。但是做一件事，不能不求其完美；要想演述完美，便不能不靠这些细微的东西。如果教初学辩论的人自然，那就是把

"自然"和"习惯"混为一谈。譬如，张某素来有一个习惯，站在台上，总是把全身的重量放在一只脚上，歪歪站着。如果教他自然，他平时这样歪歪站住便是他的自然站法，岂不荒谬？寻常的人，哪个像他那样站？他的站法是一种个人的习惯。像这种不好的习惯，都应该先行革除；好的习惯，都应该先行养成。坏习惯革除、好习惯养成之后，然后才可以讲到"自然"。所谓身体上（或有形的）准备，就是要养成适宜的习惯。

一、位置

位置与姿势不同：位置是辩论者在台上站立的位置和身体的状态；姿势是颜面手足表示心意的动作。辩论人站在台上，必须表现出一种从容（不慌不忙）、尊严（不轻不佻）的气度。一方面要使大众看着，有"脚踏实地""稳如泰山"的气概；一方面又要便于转动，便于做一切姿势。不可站在一个地方便呆若木鸡，始终不动；也不可一刻千变，只见改变地方。总之，要用自己的判断，应动则动，应变则变。变动的时候，宜乎从容徐缓，不宜草率。又不可沿着讲台的边缘跑，也不可忽然转身面向一边，以背向人。通常变动位置的方法，是走成英文的 V 字形，斜着退后几步，然后斜着上前几步。

这些指点，都是要使辩者能呈现出一种安详自然的状态。一举一动，不可死板，不可拘泥形式。要十分自然，使听者能专心听所讲的话，不至于因说者的怪样，而被夺了注意。

二、声音

演说没有定法，形式姿态，各有千秋。辩论也没有定法，演述的体派，随人不同。各人有各人的特性。要想立一个标准，是很不容易的。所以我们讲到这个地方，只能把常见的弊病指出，再把普通的演述规则略解释一下。最好的练习法，还是请一位合适的教师，实地练习辩论。

演述的声音，要清晰宏亮。要想使声音清晰宏亮，须经若干训练才行。这些训练，现在不能讲到。如果大家有机会，可以照演说术里的方法自去练习。请好教师教唱歌，也可以改良声音，并且可以学会使用声音的方法。现在所要说的，也不过是几个使用声音的实际方法。

呼吸是成声的最主要元素，所以第一应注意呼吸法。呼吸宜用全肺量，声音才能宏大响亮。呼气通过声带，以发出单纯清亮的音调为适宜。喉头筋肉宜弛缓，不宜紧张。舌、颚、唇等，不宜遮住声音的通路。须知这些语言器官都是要把声带发出的声铸成一个一个的字音，其作用专在修饰声浪，不是遏住声浪。

发字音，以近唇为妙。口宜大张，字字吐清，不可怕开口。有许多字音都应该恰在门牙后面发出。从这个地方发出来的音，送出去最有力量，并有共鸣作用，因为口里的上方的硬颚，就如同是一个天然的传音板。从口的后方发出的音，不接气，不传远。辩词既是要人听要人信，便不能不注重这些发音法。

每个字音应该念得清晰。字音含糊，与语言暧昧和意思模糊的害处无异。一字不清，全句的意思便不能懂。即令能懂，也必得费一点思索。思索一个字所费的力虽少，也足以使人疲倦。并且听者的精神既分散，便不能以全副精神留心辩词，既不能以全副精神留心辩词，他心里的兴趣一定渐渐减少，最终消失殆尽。所以字音清晰乃是根本上最重要的。

声音宏亮，足以令人起敬，又能显出自信力。辩论者若有这种天赋，固然是很宝贵的，但是宏亮与清晰不可混为一谈。声气宏亮，有时只是吼得热闹，于音节无补。并且通常的人，大半听着说话清晰的人所说的话，易于相信；说话粗鲁的人所说的话，不易相信。因为说话粗鲁的人，大概思想也很粗糙，品行也很荒唐。所以虽有宏亮的声音，仍不可不加训练。不过善用声音的习惯，不是一朝一夕所能养成的，也不是像一件新衣，可以任意穿上、任意脱下的。要想养成这种习惯，必须寻常说话也如登了演说台一般。

三、语势

辩词里重要的地方，必须用加重语势的方法凸显出来。说话也与笔写一样，不能各个地方都用加重语势法。只有写的时候（编辩词的时候）曾经加重语势的地方，说时才须加重语势。若想一概都加重语势，一概都用高调演述，其结果也不免与编写时一样，语势处处相等，毫无高低。不但语势毫无高低，就是演述者的声音、精神和听者的注意力，也一定不济。所以演述者须把关键的地方择出，用种种方法去加重他的语势：或用声音的高低，或用姿势，或用缓说法，或用其他方法均可。总之，什么地方重要，演述者总要把它凸显出来。这是演述者的责任，不是听者的责任。

四、音阶、音速、转音

音的高低叫音阶。音的快慢叫音速。由高变低或由低变高，叫转音。演说须用自己的平均音阶。平均音阶就是中音阶，就是不故意加高或故意压低的音阶，也就是他自己说话最容易、最适宜的音阶。平均音阶，不可与习惯音阶相混，因为平常说话，习惯所用的音阶，有时比本人的平均音阶高，有时比本人的平均音阶低，缺乏经验的人，演说多半喜欢用高于平均音阶的音。音阶太高，不但自己容易疲倦，听的人也容易疲倦。这种习惯，应极力想办法改掉。所用的音阶，总要觉其容易，觉其自然，才好。用平均音阶，可以转高，可以转低，都是操纵自如的。

演述太快也是缺乏经验的人的通病。这个弊病，与听者懂与不懂很有关系，不可不极力改除。演说开始的几句，尤宜特别徐缓，字字吐清。就在辩词中间，或是其他地方，也不宜太快，令人不能把所要表达的意思充分了解。有人把英文演说的速度算出，每分钟连停顿转接包括在内，平均约125字。不过快慢的标准，毕竟是活动的，须以说者、听者、题目三件东西为转移。第一要与说话时的思想与感情相应。简单浅明的意思，宜用较快的速度；复杂深晦的意思，宜用较慢的速度。无论如何，总要使听者有充分的时间以了解说者的意思。所以重要的思想感情，不妨多用一点时间，慢慢地浸入他们的脑子；不重要的，不妨快快讲过。凡说者心里所欲传达的意思和所要表达的感情，总要能在演说的时候，逐处使听者完全看得出来才好；而速度的快慢也就是使他们能完全看出的一个方法。就一般而论，恐惧、慎重、忧愁、尊敬、堂皇之类的感情，多半用慢的声音表出；欢喜、忿怒、恼怨、热心之类的感情，多半用快的声音表出。但是，所谓快，并不是慌张；所谓慢，也并不是迟怠。慌张和迟怠的声调，演说中万不可用。声音的快慢，本来不能定出什么定论，不过准备演述的时候，不能不把上面所说的都想到罢了。

为什么要用转音呢？因为，第一可以使辩词有变化；第二可以把有些地方的特别用意，显示出来；第三可以把证据与理由（指证据所证实的话）的关系表示清楚。初学的人，有随辩词的句读以定转音的高低者：每到一句的末尾，便把声音降低，以表一个停顿。这个方法，不甚可靠。因为转音低落，只可以表示意思的完结，并不是拿来表示句子的完结。有时句子虽完，意思未完，若用低的转音，便不妥当。低落的转音，在辩词里，除表示意思完结以外，还可以表示强硬的肯定语，显示所说的话是十分有把握的。声音转高，可以表示疑惑、犹豫、否定、恳求。这些以音节表意的方法，必须自己平素练习，到了演说辩论的时候，处处应用。表强肯定的低落转音，更当特别多用。

五、姿势

用头部、面部和四肢的动作以表意，叫做姿势。所以姿势叫做动作，还有人称为手式。不过动作这个名词太宽了，一切动作，不一定都是姿势；手式这个名词又太窄了，有些姿势（如摇头、皱额）不是手式所能尽包的，所以不如用姿势。姿势与位置不同，前面已经说过了。

姿势在演说和辩论中都是很要紧的。专研究演说的人，有许多练习法，现在不能细讲。不过不做姿势则罢，若要做姿势，必须自然。有些人预先练习几个姿势死死记着，到了地方便用来加重辩词的气势。其实不仅无益，而且有损。记忆姿势，与记忆辩词的字句无异，都足以使演述死板、不自然。辩论时姿势虽是有用，但与其做得不好，不如不做，不做还没有丑态。好的姿势，必须简单自然，然后可以增加辩词的说服力。要想姿势自然，必须让它不知不觉地发生。不过要想临时能发生不知不觉的姿势，还是离不开练习。练习时须有适当的教师指点。练习用惯之后，演述时便可不知不觉生出自然的姿势。

学做姿势，不可因辩词以练习，就是说，不可看这篇辩词应如何做姿势，便如何练习，以对付这篇辩词；那篇辩词应如何做姿势，便如何练习，以对付那篇辩词。练习时，应不管辩词，只须看哪一种姿势能表达自己的哪一种心思，哪一种手式能表达自己的哪一种情感，如此练习，处处都可适用。练习的时候，也不可误解"自然"二字。有些自然手式，原来就是丑怪难看的。若不先把它改掉，就谈不上自然，那么做起手式来的时候，便只能令人发笑。这种自然的丑姿势，应代以自然的好姿势；自然的粗野姿势，应代以自然的文雅姿势。姿势用在辩论中，不必故意经营。简单姿势，最为得体，无论做什么姿势，总要令人看去，觉得就是思想感情的一部分。所谓训练，只是要使它自然，使它文雅，使它活泼。所谓自然，也应在好的一面自然，才能助言传意，不至夺听者的心意。

六、转换

转换就是传递，就是从一段转到另一段，从一个意思递至另一个意思。转换的地方，无论在辩词的文字上，还是在演述的时候，都应把它显示出来。由引论到证明，由证明里的各要领到各分点，由证明到结论，这些地方的传递，在文字上可以用什么句子、段落等等表示，前面已经说过。到演述的时候，也必须把它们显示出来，好像路上的路标一般。照这样做去，有两个好处：第一，可以把辩词的结构清清楚楚地印入听者的心里；第二，可以使辩词变化层出，令人趣味无穷，不呆板。凡另提一个新要领，新提的时候，总宜把声音降低，变为寻常谈话的口气。陈述很重要的证据，开始时也宜如此。虽是对众人说话，也宜如对一人说话一般。开了头之后，渐渐加力，越说越有气势，一直说到最有气势的、最动人的地步为止。这个方法，不但有抑扬高下、变化无穷的妙处，并且可以使听者对于辩词的全局，了解得分外清晰。

与这种抑扬法可以并用的，还有几个方法：（1）变音的高低；（2）变演述的速度；（3）做相应的姿势；（4）改变加重语势的方法；（5）用停顿法；（6）改变在台上站立的位置。这些方法，都要用得活泼灵巧，不慌不忙。切不可突然如此，突然如彼，做出变幻莫测的样子。处处地方，都要圆转，使全篇辩词浑然一气。

七、悬挂图表

演述时为说明事实起见，可以预备图表，临时悬挂指示。图表的种类不一，或是统计表，或是统计图，或是地图，或是比较图，均可悬挂。若有许多数目（如人口、物产、赋税……）要用来证明某事，单用口说，听者必不能清晰，必不能懂得数目所含的意味。遇着这种时候，便须用统计表。其式如下：

各国人口统计（每平方英里）	
比利时	652
英国	618
日本	336
意大利	313
德国	310
中国	266

续表

各国人口统计（每平方英里）	
奥地利	247
瑞士	234
法国	189
美国	31
（出处）格特尔《政治学》第30页	

这种统计表，篇幅宜宽，字体宜大，数字尤其要清楚，以免看者费力。

若欲说明领土的形势、出产的分布……便可画成地图，加上色彩以示醒目。比较大小、多少、久暂、宽窄，便可用直线、正方、圆、扇形等代表所比的分量。此外还可想出许多方法利用图表。正式辩论比赛时，有几张细心经营的图表，很可以占便宜。因为图表是看得见的东西，能使裁判员与听者都觉得辩论人所下的断语是由很正确的调查得来的，心里所留的印象很深。悬挂图表的时候虽可不用遮盖，但仍以遮盖为佳。未到要用的时候，可用一张薄纸掩住，以免分听者的心。等到要用的时候，再由演述者或与他同组的人揭开。揭开之后，便要一直让大家看，直到讨论的终局，都不可再去遮盖。如果图表太多，不能一概挂住，便可把不要紧的取下，只留要紧的，并把它挂在最便于看的地方。关于悬挂图表的规则，多半要由参与辩论的两方预先商议。

说明图表的时候，必须用最平常、最自然的语调。手里拿一根轻巧的小竿子或教鞭，一面指，一面讲。指的时候，脸须对着大众，向大众讲话，不可向着图表讲话，又不可将自己的身子遮住图表。这虽是细节，但辩论时往往容易忘记，大家应临时留心。图表的内容必须十分熟悉，瞧上一眼，便能指出所要说明的地方。图表如果预备得很好，又能如此说明，一定能引起听者的兴趣，使他们能了解清楚。对于演述实在大有裨益。

无形的准备

上面所说的位置、声音、语势、音阶、音速、转音、姿势、转换、悬挂图表等等，都是实质上、形式上、身体上的准备。除此以外，还有一些准备是看不见、摸不着、说不定的东西。不过讲究演述，缺了这些东西却不能完美。这些就是所谓无形的准备。名之为无形，乃是因为所论的是心的态度，就是说，说者心里对于题目应该取什么态度，对于听者又应该取什么态度。

一、直截

要想做到"直截"二字，辩论者必须时时把心放在题目上，处处抱着题走，处处想到自己辩论的目的和论证的归宿在什么地方。辩论者心里既是无时不在追逐题目，听者自然不能不跟着他走，直达结论所在、要领所归的地方。这就是讲究直截的人应放在心上的第一件事。

第二件事就是不可虚饰。分明只有一分的实质，却把它说得天花乱坠、洋洋千言，这是演述者所宜戒的。空言废辞，无补于事。大家都注重实际，注重结果。因为注重结果，所以越直截越好。没有结果的话，没有人肯听。所以演述的人首先要有一个单纯的思想为通篇辩词的骨子。思想既单纯，语言便随之而单纯。以单纯的言语，表单纯的思想，可谓无比直接爽快。

演述辩词的时候，演述者还须把自己的本身忘掉，不要想到自己的准备工作做得如何，也不要想到自己的身份怎样。心里若怀一个"我"字，便不能一心一意，专想所要说的话。平常两人谈话，讨论他们利益攸关的事项，其谈话法多半是直截的。为什么呢？因为两个人都有利益关系，两个人都要把所怀的心事说个明白。在辩论的时候也应该如此。这种个人谈话式的直截，演述中是万不可少的。有些演说家，几乎在心里看定了两三个人，直接对他们谈话（只是心里如此，口里当然不能叫出几个人名，眼睛当然还要注视全体）。辩论比赛的时候，有时便好像直接对着裁判员讲说。这样演述，最为直截有力。不过辞语间仍须时时顾及听者全体，不可因为择定几人，便把其余的忘却了。

近代有许多著名的大演说家，都是以直截著名。直截两字，大家万不可忽视。

二、恳挚

"恳挚"二字，乃是说服他人的基础。无论做什么事，只要以真正恳挚的心去做，一定成功。我们所说的恳挚，不是指坐上台去的时候勉强装成的恳挚，而是指思深虑熟、确有见地、真正发出的恳挚。说话的人若无真正的恳挚，便同道士替人念经一般：只有声音，没有心肠。所以无论在什么地方演说，总要对于题目预先有极强的信仰、极强的判断，使心里自然生出为题辩护的恳挚心。辩论比赛场中的题目不由自己选，往往有明明不是自己的主张却不能不辩的时候。在这种情形之下，只求能自圆其说，便算是好的了。比赛的题目，多半正反两面的情势差不多是平均的；并且范围很广，不经过许多调查，就不能求得底蕴。辩论的人，宜以维持真理为己任。先竭力调查，求得真正的底蕴，然后从其是者，发挥自己的辩才。其次还要认定自己所辩护的主张价值如何。相信自己的主张是对的，相信自己的主张有价值，然后方能言之有物，以诚动人。

不但对于题目应先有诚心的主张，并且平时立身行事，便应打定恳挚的基础。诚字是自心而发，不是临时可以炫耀的。要想感人以诚，非保持自己思想和行动处处诚恳不可。存中形外，如果没有一番真正的修养，说出来的话，他人一听便知道是"吹"的。哪怕你会说，也没有人相信。

诚心的主张和高尚的人品之外，还有"同情"二字，也是恳挚所不可少的要件。不但要同情于所辩的题目，并且要同情于听辩的人。先宜透识人情，看穿心理，然后用最亲切、最动人的办法去感动他们。看一件事，总宜用听者的眼光去看，不可专凭自己的理想。眼光与听者相同，然后能引起同情。引起同情，然后言无不入，入无不信。演说家的本领，不是在听者的后面鞭策他们的心思，而是在他们的前面，引导他们的心思。上了演说台，便要把自己看成一个听演说的人。自己所以要演说，不过是因为自己怀了一种有价值的东西（指所怀的主张），不肯自私，要与大家同分其利，同享其益罢了。取这种态度，说话最容易亲切。如果自居演说者的地位，自高自大，以为别人都不知道什么东西，只有自己知道，则同情的观念一定失却，恳挚的态度也一定无从表现。高明的演说家，总是把听者看得十分可靠、十分可信，他们的聪明才力、道德人品也是与自己一般。又时时察颜观色，看他们究竟是不是与所说的话表示共情。处处都是想方设法，引他们到恳挚的道路上去。一上恳挚的道路，终局便是说服。

三、自信力

演说者对于自己的本身和自己所主张的事，一定要有绝对的自信力。迟疑犹豫和自己问自己的阶段，到了登台的时候，早已经过了。在这个时候，应该把自己看作一切的主宰，可以左右一时的形势，觉得自己便是一个专家。这种心理并不是说要虚夸知识，无礼凌人。虚夸无礼的态度上节所讲的已经可以确保杜绝了。这里所讲的自信，乃是要演说的人，真出本意，觉得自己所做的事真是很重要、很尊贵的事，并且自己的能力，的确可以把这事做成。要想生出这种感觉，便不得不取公平正直、不偏不倚的态度，显出一种负维护真理之责的样子。无论讲到什么东西，都不可出现故意隐瞒的现象。对手有疏忽的地方，不可显然乘机占他的便宜；有果然不错的地方，不可强词夺理，将其一笔抹杀。对手所说的话，不可故意增减，引来驳他，又不可穿凿附会，加一种居心陷害的解释。听者所喜欢的是堂堂之鼓，正正之旗。要想使他们信服你的话，先使他们觉得你是一个不要弄伎俩的人。

演说的人又须有自抑情性的能力。说话不可太尽头，用力不可太趋极端，须时时留住余步，以作为演述力的后盾。讨论时无论到什么地步，都不可动气。轻易动气，便令人轻视。华盛顿说："征服你自己帽子下的领土。"这句话真是向青年人对症发药，辩论人不可不记住。

自信自抑之外，还要能保持镇定。想要保持镇定，只有实地练习可以做到。就是大演说家，也要经过一种羞涩张惶的时期，要经过若干场合，然后可以免掉。其实保持镇定虽然是不可不有，但是这种羞涩张惶的现象，却也不一定是一种很坏的现象。因为生出这种现象，显见得说者心里是很重视听众、重视自己的责任的。表现出这种慎重的态度，更可见他的思想理论必定缜密正确。思想理论既是缜密正确，听者自然容易相信。不过羞涩张惶的现象，不可过度，过度便显见其没有自信力了。

演说的才具，不是单靠一方面的强大。必须面面俱到，然后能成好演说家。演述的方法，有形无形的准备，处处都宜做到。除此以外，还要有人品道德为一切的基础。自己有短处，不可以其小而忽之。知道有可改良的地方，不可以其小而不为。又要多多练习，以求烂熟。凡有登台的机会，便不可错过。练习乃是求精的不二法门。本书里一切规则，非实地练习，简直不能收效。

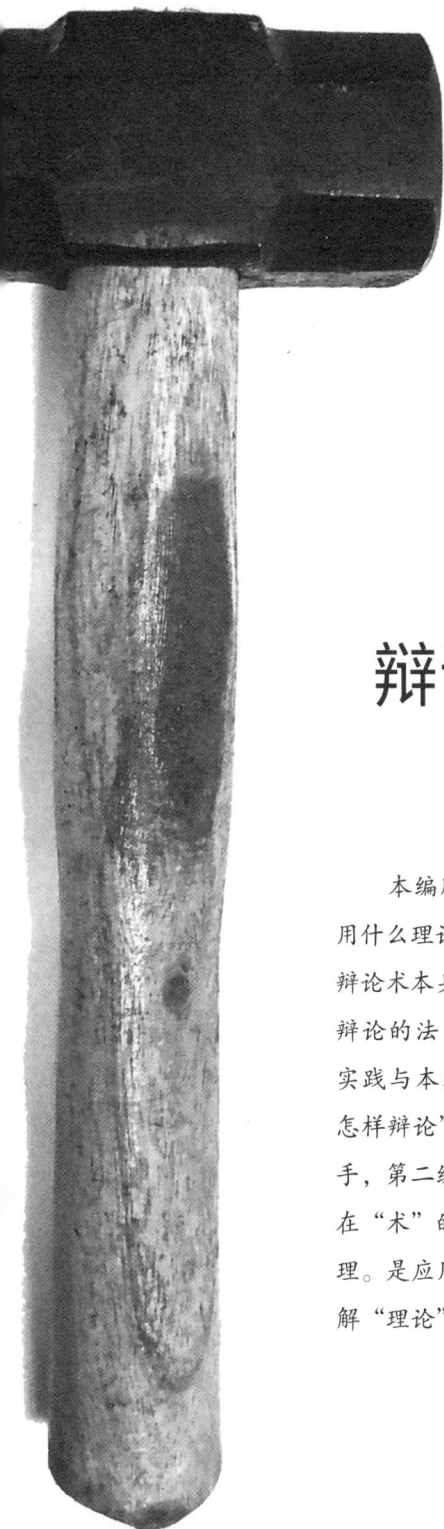

第二编
辩论术的理论

本编所讲的"辩论术的理论"，并不是用什么理论来解释辩论术这个东西，而是就辩论术本身的内容，从理论方面，研究种种辩论的法门的性质和应用。第一编所讲的实践与本编所讲的理论，都是研究"应该怎样辩论"，不过第一编是从实践的方面下手，第二编是从理论的方面下手罢了。都是在"术"的范围以内，并不是空论辩论的原理。是应用的，不是虚玄的。我恐怕大家误解"理论"二字，所以特别说明。

第 *1* 章　归纳论证

受过普通教育、有了普通知识的人，对于显然健全与显然伪谬的论证，大概都能辨别。无须学辩论术与逻辑学，也能看得出真假。不过这种真假的界限，并不是时常都很清楚的。有许多论证，包括或牵涉的东西太多太杂，非有特别的方法，着实难辨真伪。因为这个缘故，所以我们不能不研究论证中各种理论的形式，看理论上论证究竟有些什么窍门，这些窍门的性质如何，方法如何，应用如何。

逻辑学的推理法如何应用于论证

逻辑学所研究的是推理的正当方式。推理的程序，对与不对，可用逻辑学中的原则来试验。学辩论的人，对于逻辑学的全部理论与其中种种名词，虽然可以不必完全知道，但其中最重要的是推理的方式，推理的方式与辩论的布局立论最有关系，乃是学辩论术的人所不可不知道的。

知道这种正确推理的方式，有两个大用处：（1）可以用来试验自己的理由实在不实在；（2）可以用来试验对手的理由实在不实在。可见对于攻守，它都是利器。

不过应用正确推理的方式于辩词的时候，多半不能直接应用，因为辩词里的推理，完全依逻辑学形式的很少，多半有些地方省略，有些地方特别发挥，有些地方加了许多感情上的话。初听起来好像入了八阵图一般，分不出头脑，看不出逻辑学的结构。所以大家必须先把全篇辩词的各个要领抓住，然后把它弄成逻辑学的格式，引车就道，再去看它合不合理。自己的辩词，也应该先抓要领，然后依逻辑学的形式排列。先抓要领，虽不容易，但是要想试验理由的虚实必得如此。

归纳推理法

先观察各个实例，然后求出普遍的结论，这种推理方法叫做归纳推理。例如讲过太史公的《史记》，觉其古雅。又读过贾谊的《治安策》《过秦论》，也觉其古雅。再读李斯的《谏逐客议》，班固的《汉书》，都觉其古雅。但是这些文字，都是秦汉时的文字。于是心里便下一个结论（断语），说："秦汉的文字都是很古雅的。"这便是归纳推理。推理之前，是由观察实例下手。读了五篇秦汉文字，就是观察了五个实例。观察之后，知道这五个实例之中，都有"古雅"的共同性，于是下一个全部肯定，说凡是秦汉的书都是古雅的。不单是包括曾经读过的五篇，并且把未曾读过的一切秦汉文字都包括了。这个断语，真伪虽然说不定（因为或真或伪，是事实的问题，不是推理形式的问题），但单就推理的形式而论，这种推理就是归纳推理。凡先研究实例而后求出普遍原则的，都是归纳推理。

我们的日常生活里，有许多结论都是根据这种推理法推出来的。例如我之前在北京城里，到了下午一点钟，便往正阳门车站，去乘环城火车往西直门。为什么我知道下午一点钟去乘车呢？因为几个月以来，我屡次乘从正阳门到西直门的车，都是下午一点钟开车。我每次下午一点钟到正阳门车站，都恰好赶上火车。这每次的经验就是所谓经过观察或经过实验的实例。有了屡次的实例，自然便生出一个概括的结论，说"如果下午一点钟到正阳门车站，一定能赶上开往西直门的火车"。

这种推理法，仔细研究一下，便知道可以分为截然不同的两类：（1）完全的归纳；（2）不完全的归纳。什么叫做完全的归纳呢？就是结论所根据的实例，个个都是可以直接试验的。例如现在有 20 个人学辩论术，如果一个一个地问他们，他们个个都说想要做教育家，我便下一个结论，说："现在学习辩论术的这 20 个人都是想要做教育家的。"这种归纳，就是完全归纳。因为结论所包括的，仅仅是现在学习辩论的这 20 个人，而这 20 个人，同时就是结论所根据的那 20 个实例。我知道每人都是要做教育家，然后才说他们全都要做教育家。所观察的实例是 20 个，所概括的也只是这 20 个，一个未经观察的也不曾掺入。所以无论如何，结论绝不至于错误。这样的归纳，所根据的各个实例都是可靠的，结论又不越出这些实例的范围，所以叫做完全的归纳。完全就是绝无错误的意思。

　　什么叫做不完全的归纳呢？就是结论所包括的范围，不仅仅是结论所根据的那几个实例，而是超出那几个实例的范围，包括了未经观察的实例。例如秦汉文字和正阳门的火车这两个例子，便是不完全的归纳。秦汉人的文字，我并没有读完，也许其中有些不是古雅的。环城铁道的火车，从前虽是下午一点钟开，也许今天误时，也许有别的事故，直接不开。遇着这种情形，所推出的结论便失却价值了。又比如月季花，我可以下一个概括的断语，说月季花都是香的。我下这个断语，乃是根据许多的实例：我昨天从院子里拾起来的月季花是香的；我家园子门前每年开的月季花也是香的；自从我小的时候知道什么是香，一直到今天，所碰着的月季花，都是香的。根据这样多的实例，我才下了这么一个概括的结论。但是这个结论，仔细看一看，并不只包括我所遇见过的月季花，实在已经延伸出去，世界上一切月季花都已包括在内了。所以这个归纳，原来是一个不完全的归纳。这种不完全的归纳，纵然想要把它弄成一个完全的、可靠的归纳，也是做不到的。世界上的月季花如此之多，万不能朵朵都去嗅过。既不能完全试验，如何能说所下的结论是绝无错误的呢？如果一定要把它变为完全的归纳，只有把结论（断语）的范围缩小，只包括它所根据的那些已经实验过的实例。如此，则原来的结论，须改为："我曾经嗅过的月季花，都是香的。"

但是，照这样去缩小结论的范围，所推得的结论很窄，在日常领域多半没有什么用处。日常领域如正阳门开车时间的例子，我们不能不用不完全的归纳，不能不以少括多，以已知推未知。不过既要用不完全的归纳，便不能不想出一些规则，使推出的结论，与事实最相近，不至谬误太远。这就是说，不完全的归纳虽然不能推出绝对可靠的结论，但是我们可以想些方法，加些限制，使结论可靠的程度加高。若有九十九分可靠，实际上与百分可靠的结论的价值也就差不多了。这种方法（或规则），待讨论"归纳推理法如何应用于论证"之后，便要讲到。

归纳推理法如何应用于论证

归纳推理的性质与完全归纳和不完全归纳的区别，既已明了，现在便要研究这种推理法在论证里怎样应用。归纳推理，用在论证文和口头论证的时候都很多。例如辩论"中国应实行所得税制"，正方调查材料的时候，知道所得税制在瑞士、英国、德国、法国、美国，都有很好的成绩。再调查一下，又知道世界上已经实行所得税制的国家，只有这五个。于是根据瑞士、英、法、德、美这五个实例，便可以下一个概括的断语，说："世界上凡实行所得税制的国家，都取得了很好的成效。"这便是应用完全的归纳推理。

这个归纳推理，用在实际辩词的时候，须先说出结论（断语）。下了概括语，然后分述实行所得税制的各国，引出证据，证明实行所收的功效；其次再引出证据，证明现在世界上已经实行所得税制的国家只有这五个；最后还要把结论重述一遍，进行一个总括，以使论证的形式完全。这种论证，推理的程序没有一点儿错处，最不容易攻击。要想攻击，只有从事实上下手，设法把他所据为根据的事实破坏。他说所得税制在英国的成效很好，我便可以到处去搜寻证据，证明所得税制在英国的成效很坏。他所根据的五个实例，只须攻破一个，便把他所下的概括语推倒了，这是完全的归纳推理的应用与攻击完全的归纳推理的方法。

由此可见，完全的归纳推理，妥当不妥当，很容易判定。只须看一看所举的几个实例是不是真的，便可以知道。完全归纳的论证，妥当不妥当，是事实真假的问题。若讲到不完全的归纳论证，就不是这样，因为不完全的归纳，其结论的范围，超出了其所根据的那几个事实。仅仅观察三五个实例，便下了完全肯定，把未经观察的实例也包括在结论中；仅仅知道了一部分，便一语概括了全部，这便是从已知的范围跳入未知的范围去了。所以这种归纳的用法与攻击法都与完全归纳不同。可用林肯与道格拉斯的辩论说明如下。

本书第一编第 5 章中，曾经说明林肯与道格拉斯两人对于奴隶制管理权的意见。林肯以为美国特别区域里应否取缔奴隶制，应归美国中央政府决断；道格拉斯以为不应归中央政府决断。两边所根据的都是美国宪法，不过各人的解释不同。道格拉斯说："若依宪法的意义，中央政府便没有管理特别区域里奴隶问题的权力，因为宪法的意义，可以由从前制宪的 39 人的意见推知，而这 39 人的意见，就是不准中央干涉特别区域的奴隶问题。"林肯说："这 39 人的意见并不是如此。"林肯在这个地方所用的证明法，便是不完全的归纳法：他只证明 39 人中有 23 人的意见是如此如彼，便断定全体的意见。他说：

原来制宪的人，共是 39 个……但是这 39 人之中，照我刚才所证明的看来，已经有了 23 人对于奴隶问题确有可踪迹的行为。这 23 人之中又有 21 人（明明是大多数）的行为是如此。如果这 21 人的见解，是以为中央政府不应干涉奴隶问题，那么他们这些行为就是自相矛盾，有意违法。他们的行为既是如此，他们的意见便可以推知。……39 人之中，其余 16 人对于这个问题的意见，实在是无迹可循。假如有法寻出，照道理上推去，一定不至于与这 23 人的意见大相径庭。……制宪人的总数，既是 39 人。39 人之中，又有 21 人（明明是大多数）确实主张中央政府可以干涉特别区域里的奴隶问题；其余的，据理推测，大概也是一样的意见。那么制宪人全体的主张，已经了若指掌。

不完全的归纳论证，要想完全可靠，当然是不可能的事。

但究竟怎样才算足够可靠呢？这个问题不是论证人凭自己的意思所能判定的，而是随听者的判断而定。有些时候，自己以为不够，听者却以为够了；自己以为不能说服他人，听者却已被说服，生出所期的动作。有些时候，自己以为够了，听者却以为不够；自己以为可以说服他人，听者却未被说服。结果如何，虽然自己不能先有把握，但应用归纳推理法的时候，若能照着归纳法所必具的要件一一做到，总可以希望收获最大的效果。归纳法应具些什么要件呢？请看下节。

归纳论证的必要条件

一、完全的归纳

前面已经讲过，完全归纳的结论只包括曾经实地试验过的实例，所以这种归纳法所必具的要件，只是要所根据的实例都是实在的。所引的证据，必须充足。每个实例之下必须有充分确凿的证据，证实它是真的。如果有一个地方证据不够，便有一个实例不能成为事实；一个实例既虚，论证的全体便不能算是坚实，也失掉完全归纳的特性。例如说"最近五年之中，中央政府的年度支出大大超过年度收入"，既下这个断语，便应在财政部的统计报告或别的报纸上，去找出这五年中每年出入的确切数据来证实它。找出的证据，必须确能显示出这五年中每年不足的数目都很大，才算证实。最容易犯的毛病就是不经意的概括语。譬如，自己知道结论所包括的明明是四个东西；内中有三个，明确知道；只有一个，不是很清楚。于是，想当然地以为那一个也必定是如此如彼，糊里糊涂地便下了结论，把四个都概括在里面。这种习惯，足以使思想不严密、不正确，害处很大。有些人甚至看见某校的个别学生打牌，便说全校的学生只知道打牌喝酒，这也是妄下概括语的习惯的一个极端例子。要想在论证里用一个完全的归纳，必须结论所根据所概括的一切实例都已经确实判定，绝无虚伪，然后可用。

二、不完全的归纳

不完全的归纳所必具的要件，不是一见便知的。应用的时候，要费一点判断力。其可靠的程度，与完全归纳比起来，也差得多。单由"不完全"这三个字看去，便可以知道这种推理法的性质，不是有完全把握的。但是"没有完全把握"，并不是"完全没有把握"，不过所有的把握，其程度稍欠一点儿罢了。若要竭力增加其"有把握"的程度，便不可不依下面所举各条。

（一）证明一个结论所根据的实例必须很多，以能免掉偶然凑巧的弊病为度

用不完全的归纳，究竟要有多少实例然后所下的结论才可以算是完满呢？这个问题，是最难答的问题。待一会儿看看下文，便知道实例的多少，是随人随事随题而异。但在未讲到这个难题之前，我们必须先看一看手里已有的实例，是不是已经很多，是不是已经可以免掉偶然凑巧的弊病。先做这一步工作，是很容易、很便利的方法。例如调查出产货价，查出去年安徽出产的货物价格低落，湖北的也是低落，广东的也是低落，虽然调查了三省，结果都是一样，却不能根据这三个事实，便下一个断语，说"去年中国各省出产的货物，价格都低落"。为什么呢？因为只调查三省，这三省的货价低落，安知不是偶然凑巧的事？安知其他各省的货价不是上涨？上面所下的结论，形式上是一个完全归纳的结论。形式上既是一个完全归纳的结论，实质上便应具有完全归纳的特质。必须调查各省，没有哪一省不是低落，然后可以下这样一个概括的结论。如果只据三省的情形，便只有下特指肯定，只说"去年安徽、湖北、广东三省的货物价格低落"。要想全部肯定，偶然性未免太大。

这种不严密的归纳推理法必须时时戒避，因为它最容易

得出不确定、不严密的结论来。所生的结论，外面的样子好像是切实的，其实还是空虚的，还是不稳的。所以无论自己的结论或对手的结论，都应该仔细审察，看所用来证明结论的实例是不是偶然凑巧的事实。例如上面所举的例子，已经调查了三省，由这三省的情形看来，似乎要得出全国货价低落的结论。调查的人，便应马上想一想中国出产最多的是哪些省份，马上去搜寻这些省份的统计报告，看看货物价值如何。江苏、江西、四川、山西、浙江、安徽等省，都是马上就应该去调查的。如果调查这几省的结果，货价都是低落，那么全国货价低落的结论，其或然的程度便加高了：那就是说这个结论更有可靠的样子了。结论的或然性加高，其偶然性便自然减少：那就是说结论越有可靠的样子，偶然凑巧的机会便越少了。但是到了这个地步还是不算完全，必须继续调查，把各省的情形都调查清楚，要能使结论所包括的实例，各个都有根据，各个都可以拿来证明结论，然后是最稳的论证。

（二）结论所概括的东西（或人，或物，或事），要性质相同

我们如果见过三四头大象，便说大象都有长鼻，自己心里一定觉得所下的概括语是靠得住的。如果见过三四所红房

子的学校，便说学校都是红的，心里一定觉得所下的概括语是靠不住的。为什么呢？因为前一类的东西（大象）是性质相同的，后一类的东西（学校）不是性质相同的：大象的鼻子是可以类推的，学校的颜色是不可以类推的。所以我们对于大象的属性，只要见了三四个活模型，便可以全体概括。它们这一类的东西，性质、形状都是显然相似的。没有哪一头大象的样子十分特别，与其余的迥然不同。学校的房子便大大不然了。同在一处的校舍，也许是同样造法，同是红的；但是校舍这东西，不是性质相同的东西，这个校舍是这个样子，那个校舍不一定也是这个样子，所以我们不能轻率地下一个不完全的归纳结论，说校舍都是红的。由这个例子可见，用不完全的归纳的时候，要想下一个宽泛的结论，包括某类人、某类物或某类事，一定要确确实实地知道这些人、这些物、这些事关于所论之点是性质相同的。若不确实知道，便不可不特别谨慎。

但是"性质相同"这句话，不可误解。上面说"校舍这东西，不是性质相同的东西"，这话不是说这个校舍与那个校舍完全不能相同，而是专就颜色而言，不能个个相同。若讲到校舍的用处，当然是相同的，当然是可以类推的。又如大象"是性质相同的东西"，这话也不是说这头大象与那头大象完全相同，而是专就身体的形状而言，各个都相同。若讲到高矮、大小，当然是不同的，当然是不可类推的。所以相同与不同，乃是专就结论所指的性质而论，结论所指的是大象的形状，便看大象的形状是不是相同的；结论所指的是校舍的颜色，便看校舍的颜色是不是相同的。人人都有常识，事事不外情理。东西是不是同性质的，总可以用常识与情理为断。总之，结论所概括的东西，关于所论之点，其性质必须相同，然后可以类推；至于不相干的性质，可以不管。

（三）结论所根据的实例，必须是中平公道的例子

论证里若用不完的归纳，则结论所根据的那几个实例，必须是很中平、很公道的例子方可。中平就是不上不下、平平常常的意思。公道就是不偏不私、并未故意挑选的意思。中平公道的例子，才可以代表同类；能代表同类，才可以以少推多，例如从前美国有一个校际辩论会，内中有一方主张美国各城市均应实行委员行政制。辩论员举了三个城市为已行此制的例子。他举例的时候，先就说明他所举的例子是中平的、公道的。他说这三个城市，并不是专代表美国的大城市，也不是专代表美国的小城市。凡大小城市所有的一切特别状况，都是这三个城市所具备的。他又引出证据，确确实实地证明这三个城市实在可以代表美国全国 90% 的城市。如

果某种政治，在这三个地方实行能有效果，在其他城市里实行，一定也有效果。于是又证明委员行政制在这三个城市里实行，确已有效果，其结论便是全体都应实行这个制度。

有些人选择实例，只图有利自己，只图可以证明自己的结论，不管所选择的是不是中平公道的例子。这种行为，乃是学习辩论术的人绝不应该做的。辩论术中有一大法则，就是"要以真理胜"。一切论证，都应该受这个法则的管束。如果选择实例不公道，便是显然违反这个法则。不但是自己问不过良心，并且也有负表示赞同的听者。对人对己，都是大失忠厚。所以凡有特别性质、不能代表同类的例子，绝不可用来证明不完全的归纳结论。举例的时候，总要以公道良心为前提。

（四）所下的概括，必须找不出例外

一个人的经验有限，虽然自己以为所下的概括语没有错处，也未见得就果然没有错处。用不完全的归纳的时候，尤其不可单靠自己的经验决断。譬如一个小孩，因为他自己有父有母，他便说别的小孩一定也有父有母；热带的人，因为他自己所居的地方很热，便说世界上到处都很热。这都是单靠自己的经验，以为没有例外，其实例外的恐怕比结论所包括的还更多。有许多有常识的人，也犯这个毛病，常常以自己一个人的经验为基础，下同调的概括语。譬如顾客因为遇着个别商户缺斤短两，便说"无商不奸"；乡下农夫，受过一个律师的骗，便说"凡律师都是骗子"。这种断语，只须稍微调查一下，便可以找出很多很多的例外，所下的结论，简直无立足之地。

无论自己的或对手的归纳结论，都应该仔细审察，看能不能发现例外。有些人说"无商不奸"。这种话，仔细想想，例外实在是太多。下这种概括语的人，多半是因为自己心里所知道的实例，都是些出乎寻常的实例，都是些例外的实例。心里这种朦胧的印象太甚，于是成了偏见。不然，做官的人只有一部分是贪得无厌的，怎么可以据为根据，说一切做官的人都是贪得无厌呢？学校里的学生，只有几个人吸烟喝酒，怎么可以用他们作为实例，竟至说全体学生都吸烟喝酒呢？所以每个归纳结论，都应该仔细审察，看有没有例外。

（五）结论必须合情理

不完全的归纳，虽然具备了上列各种要件，却还有一个最要紧的要件在后面。这个要件就是要合情理。"情理"二字，乃是妥当不妥当的最后试金石。遇着与天然情形相反的事，我们心里不知不觉地总有点儿怀疑。大凡天地间的事，既有一件，必然有造成其事的前因。我们对于平常所经历的一切事故，大都是根据这个因果律去下判断。从前的人，听着"狗哭"，便说"家里不久要死人"；见着"彗星"便说"要起战乱"。现在的人，却不是这种迷信所能愚惑的了。科学发达，常识进步，这种迷信都已在常识之中。普通人的心，随便遇着什么事，都要问一问合不合情理。听到"狗哭人死"，他便要看一看狗哭与人死的中间究竟有什么关系，哪怕100次听着狗哭，100次都遇着人死，每次应验，没有一次不灵，他还是不肯轻易相信。所以，不完全的归纳，最后的要件就是要合乎情理。

【概要】不完全的归纳论证，应具的必要条件

（1）证明一个结论所根据的实例必须很多，以能免掉偶然凑巧的弊病为度。

（2）结论所概括的东西（或人，或物，或事），要性质相同。

（3）结论所根据的实例，必须是中平公道的例子。

（4）所下的概括，必须找不出例外。

（5）结论必须合情理。

第 2 章　演绎论证

用演绎法以推理的论证，叫做演绎论证。应用演绎法，比应用归纳法更为复杂。其功用有时也比归纳法的功用更大。演绎论证里，多半容易埋伏谬误。不过埋伏虽然容易，攻破也是很容易的。只要知道谬误是在什么地方，就是平常的人，也能马上把它攻破。演绎和归纳两种方法，在论证里很少独用，多半是两种兼用的，并且兼用的地方，多半穿凿交错，关系很密。所以学的时候，不能不把两样都学个透彻，把两样看成一般重要。要想知道演绎推理在论证里怎样应用，须先知道演绎推理是什么东西。

演绎推理法

先知道一个普遍的原则，然后用这个原则去推测它所包括的那一类东西里的任何个体，这种推理方法，叫做演绎推理。演绎推理的步骤，与归纳推理的步骤恰是相反的。归纳是以分体去推全体，演绎是以全体来推分体。我们下一个结论，说这本西汉人著的书是古雅的，是因为我们已经知道秦汉人的文字都是古雅的，这是演绎推理的一个例子。又如我们已经知道金属的东西容易传热，现在有一件金属的东西，便断定这件东西必定容易传热，这也是一个演绎的推理。先知道秦汉文字全体的性质，然后推知秦汉某篇文字的性质；先知道金属全体的性质，然后推知某个金属物的性质：这就是与归纳推理恰恰相反的地方。其实演绎开始的地方，就是归纳终局的地方。例如我们读过秦汉人所著的许多书，每本都是古雅的，我们便下了一个结论，说秦汉人的文字都古雅。这便是归纳终局的地方。若再进一步，便可以用已得的结论去推测未曾读过的秦汉文字。假设在图书馆新找出一本书，只知道是秦汉人作的，便可以下一断定，说这本书一定也是古雅的。这便是演绎了。这个演绎结论，正确与否，须看它所根据的概括语（秦汉文字都古雅）如何，即是要看原来的归纳推理严密不严密。根据不严密的归纳结论，不能得出绝对正确的演绎结论。不完全的归纳推理，也不能因为有一个正确的演绎为反验，便增加其确度。比如，仅仅读过五本秦汉文字，便说秦汉文字都古雅，根据这样太不完全的归纳推理，要想演绎出去，随便看见一本秦汉人的书都认定它是古雅的，当然是靠不住。又如根据这五本书下了归纳结论之后，演绎出去，果然找着一本秦汉文字是古雅的。这个演绎，虽然表面上似乎足以反证归纳结论之不误，但仔细想想，原来根据五本书，不能算严密的归纳，现在只加上一本书，难道就可以算是严密了吗？这种反证，只能表面上增加归纳结论的价值，只可以用来装点门面，其实不完全的归纳终究还是不完全。

演绎与归纳的关系，可再用上面所说的例子以表列法说明如下：

一、归纳法

（一）所根据的实例

1.秦时李斯所著的《谏逐客议》是古雅的。

2.汉时司马迁所著的《史记》是古雅的。

3.汉时贾谊所著的《治安策》是古雅的。

4.汉时贾谊所著的《过秦论》是古雅的。

5.汉时班固所著的《汉书》是古雅的。

（二）结论

所以秦汉人所著的文字都是古雅的。

二、演绎法

（一）大前提

秦汉人所著的文字都是古雅的。

（二）小前提

《封禅文》是汉人司马长卿所著的。

（三）结论

所以《封禅文》是古雅的。

从上面所列的格式看来，演绎推理的第一个叙述，就是归纳推理的结论。这个叙述，就是演绎的第一个基础，在逻辑学中叫做大前提。大前提乃是许多实例归纳而得的结果。依据这个结果又可以演绎回来，推到实例。由此可知演绎、归纳的关系是如何密切，也可以知道这两种方法为什么在论证时常用在一块儿。

上面所列的演绎式，在逻辑学中叫做三段论式（或叫推测式）。由三个叙述合成。第一是大前提，第二是小前提，第三是结论。三段论式的格式很多，我们所要研究的只是上面所列的这一种。这一种乃是三段论式的模范式。凡关于演绎的论证，无论是自己的还是对手的，若要试验它妥当不妥当，必须先化为模范式，然后可以下手。

三段论式里，每个叙述都是由两部分合成。每一部分叫做一个"名词"。各个名词，各有特别名称，各有一定位置。其名称位置如下：

1. 大前提

$$\underbrace{凡高等学校学生}_{中名词}\underbrace{都应学习辩论术}_{大名词}$$

2. 小前提

$$\underbrace{张国栋}_{小名词}是一个\underbrace{高等学校学生}_{中名词}$$

3. 结论

$$所以\underbrace{张国栋}_{小名词}\underbrace{应学习辩论术}_{大名词}$$

由这个式子可见，论式里每个叙述，是由两个名词合成的。每个名词，在论式中总共出现两次，在一个叙述里最多出现一次。大名词乃是代表论式中最大的一件东西，这件东西就是应该学习辩论术的那一拨人。小名词乃是代表论式中最小的一件东西，这件东西就是结论所要推论的张国栋那一个单人。中名词好像一个媒人，把大小两名词联合起来。结论里面，并不见中名词的踪迹，因为它既把小名词（张国栋）交归大名词（应该学习辩论术的人）之后，便算尽了责任，没有它的事了。

　　三段论式的模范式中，大前提必须用全部肯定语气。什么叫全部肯定呢？就是说，所下的断语必须包括全类。例如"凡人必有一死""凡法律都应遵守""凡学生都应缴费"，说人便把一切人都包括在内说，说法律便把一切法律都包括在内说，说学生便把一切学生都包括在内说，并不是只包括"有些人""有些法律""有些学生"，这便是全部。说"必有一死"，说"应该遵守"，说"应该缴费"，都是正面的、积极的语气，与"不死""不应该遵守""不应该缴费"的反面语气是相反的，这便是肯定。与"全部"相对的名词是"部分"（如有些人、有些学生……），与"肯定"相对的名词是"否定"（如不死、不遵守……）。

　　要想依演绎的三段论式立论，不能不遵守一定的规则。这种规则，逻辑学书中讲得十分详细，大家若要深加研究，可以自己去参考。本书只把它简单写出，大家只要能懂得清楚，也就够用了。所有的规则如下：

　　1.一个论式必须包含大中小三个名词。

　　2.一个论式必由三个完全的叙述合成。三个叙述，就是大前提、小前提和结论。（叙述就是一句完整的话。）

　　3.中名词在两前提中，至少须广衍一次。"广衍"就是"用全部"的意思。

4.在前提中未曾广衍的名词,在结论里不能广衍。

5.两个否定前提,不能得出结论。

6.若有一个前提是否定,结论便一定是否定。若没有否定的前提,结论绝不能是否定。

论式中各名词、各叙述间的关系,可用旧式的画图法说明如下:

1.凡高等学校学生都应学习辩论术。

2.张国栋是一个高等学校学生。

3.所以张国栋应学习辩论术。

由下面所画的图看去,便知大前提里,中名词必须完全被大名词包住。"高等学校学生"的圈,必须完全包在"应学习辩论术的人"的圈里。这就是说,高等学校学生,不可有一个是不在应学辩论术之列的。小前提里,小名词必须完全被中名词包住。这就是说,张国栋必须真是一个高等学校学生,不能是一个小学生或商店的学徒。结论里,小名词一定是完全被大名词包住的,这是自然的结果。小名词既是完全在中名词之中,中名词又是完全在大名词之中,小名词自然不能不在大名词之中。这就是说,张国栋既是高等学校学生之一,高等学校学生又是个个都应学辩论术,张国栋自然是应学辩论术。全套演绎不外是要把张国栋这个人显然归属到应学辩论术的那一类人的范围以内去。中名词就是一个工具。

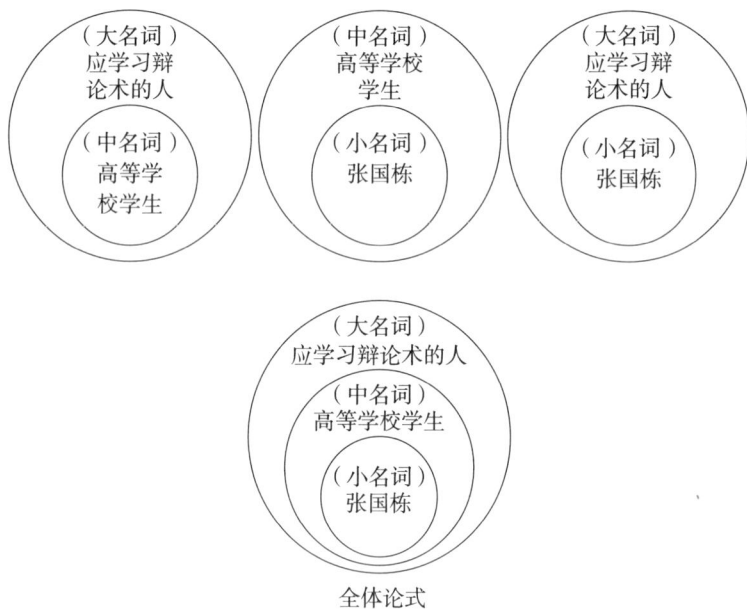

全体论式

　　大家在未学演绎法的应用之前，必须把演绎法练熟，确保能依照三段论式的模范式构造妥当地推理。

　　既懂得什么是演绎法，自然可以想见演绎法对于建设论证的重要。构造辩词，离了演绎推理，几乎不会成功。普通关于论证的文字，差不多处处都遇着演绎，不过演绎的形式千变万化，不是像模范式那样简单。那么攻击三段论式应如何攻击呢？总是由前提下手。

不完全论式（或缺论式）

不完全的三段论式，叫做不完全论式（或缺论式）。不完全论式中，有时有两个叙述，有时只有一个叙述。形式虽不完全，意思却是完全的。完全的三段论式，很不常见。所以遇着缺论式的时候，便应把它变成完全论式，才便于试验虚实。变的方法，先看缺论式中所有的是三段论式中的哪几个部分，看它所缺的是哪几个部分，然后把所缺的补入。平常省略的多半是大前提。要想补入大前提，须在小前提和结论里去设法。无论在什么论式里，结论多半是明确说出的。即令没有明确说出，也一定是一看便能知道的。有了结论，便有了大小名词。有了大小名词，再去找作为媒介的中名词便很容易了。所以根据不完全论式以造完全论式，如果找得出结论，便只须把结论里的大小名词分开。这种方法比别的方法容易。

现在我们拿一个不完全论式的实例来试试，看应如何补足。例如"王某应该去当兵，因为他已满 20 岁"。要想补足这个不完全论式，须先看这里面已有三段论式中的哪几部分。已有的这几部分之中又要先把结论看出来。这句话里，一看便知道结论是"王某应该去当兵"，结论中的小名词是"王

某", 大名词是"应该去当兵"。既把大小名词都已找出, 便可用三段论式的模范式把它们列出来:

1. 大前提

……<u>应该去当兵</u>
　　　大名词

2. 小前提

<u>王某</u>……
小名词

3. 结论

<u>王某</u><u>应该去当兵</u>
小名词　大名词

上面这个三段论式, 所缺的只是中名词。所以第二步就是要设法找出中名词。中名词原来是要包括小名词, 而又被大名词包括的。这个关系, 想一想从前所画的圈, 便能明了。既把这个条件记在心里, 再看一看王某为什么应该去当兵。不完全论式中明确说因为他已满20岁, 这"已满20岁"几个字, 就是小前提里的中名词。把这个中名词再变成全部肯定式便是"凡已满20岁"。把这个全部肯定的中名词补入大前提中, 便得出完全的三段论式如下:

（一）大前提：凡已满 20 岁，都应该去当兵。

（二）小前提：王某已满 20 岁。

（三）结论：所以王某应该去当兵。

既照这样列出，不完全论式推理的层次便显然清楚了；不完全的演绎，也成了完全的演绎；各叙述和各名词的形式、位置也是正确的。如果两前提的断语都是真的事实，便可以确定所下的结论一定是对的。所以再进一步，便应研究这两个前提。第一须先问一问："凡已满 20 岁的人，是不是都应该去当兵呢？"国家是不是有这个规定呢？要答这个问题，只须看国家关于兵制的法律，如果法律上有明文规定，当然便能成立，倘若没有，当然便是假的。其次再问一问："王某果然已经满 20 岁了吗？"这也是很容易证实的。如果这两个前提都已证实，结论便不能不成立。这就是处置不完全论式的方法。

现在正题虽已讲完，却还有一句话不可不特别留心，就是说，遇着不完全论式，切不可被它的外形所惑。未下手改造之前，必须先把真正的结论看清楚，已经拿稳，然后下手改造。如果不把它先弄清楚，便容易看错结论；结论既看错，全论式当然也看错。最容易使人弄错的，是花言巧语的不完全论式。有时辩论者因为要遮丑，不肯用浅显明了的话语。

遇着这种情形，用论式去试验的时候，必须特别留意。即令所说的是真理，若所用的话语太稀奇，也很易弄出误会，变为模范式的时候也应特别留心。

本章讲演绎论证已完结，还有几句收尾的话。就是说，大家对于演绎推理，虽然明白了它的方法，了解了它的应用，但是要想收实效，还是要专靠实地练习。实地练习乃是收效的唯一办法。所谓实地练习，不必一定限于教室的练习。随时随地都可以练习，处处说话都可以依本章所讲的规则。

第 3 章　因果论证

因果论证共分三类:(1)由果推因的论证;(2)由因推果的论证;(3)由果推果的论证。因果关系的论证虽多,总不出这三类的范围。人类就经验的反复证验,总觉得凡事都一定有个相当的前因,然后能生出一个相当的后果。这种设想,经人类许多经验的证验,简直认为了事实。所谓因果论证,就是全靠这个事实为基础。在上古时候,并没有人相信天地间有什么"万有因果"的法则存在。所以遇着了什么异常事故,不说是菩萨显圣,便说是天神降灵。打仗失败,不说大将的调度不好,反说是天公降罚。这都是不懂因果关系的缘故。

就到现今,世人也还有许多这样的信仰。这种信仰都是由迷信生出来的。比如西方人以为星期五是一个不吉的日子,十三是一个不吉的数目,打破镜子是不祥的兆头,路旁遇着黑猫定要遭灾;中国人以为听着狗哭便要死人,彗星出现便有刀兵，都是一般的迷信。这些迷信，自从科学发达以后，便渐渐地被打破。科学之所以能打破迷信，就是全凭因果律。无论什么事，在科学的眼光中，如果其事不虚，便一定有充分的理由。无因之果，是天地间所没有的。到了现今，这种说法已经遍传世界，除社会上知识水平太低的人以外，差不多人人都信因果律是真的。无论什么样的论证，最终的是非真伪，都是以因果律为鉴别的基础。归纳也好，演绎也好，若真要探原求委、确辨虚实，都可以追溯到以因果律为断的地方。所以我们研究这种论证办法的时候，一定要竭尽全力，特别留心。在不完全的归纳推理里面，我们是由已知的推到未知的，由看得见的推到看不见的。在因果论证里面，也是如此。现在，我们且先研究因果论证的格式，然后研究妥当的因果论证应具些什么条件。

由果推因的论证

根据观察所已及的后果，以推测观察所未及的前因，断定前因行使作用的状况，这种论证叫做由果推因的论证。例如昨天晚上睡觉的时候，天井里没有雪，今天早晨起来，看见天井里堆了雪。虽然没有亲眼看着夜间下雪，现在也没有看着下雪,但据理推测,一定可以断定昨夜下了雪。地上堆雪,乃是后果,并且是观察所及的。昨夜下雪,乃是前因,虽然是观察所未及的,但是只有这个前因能生出地上堆雪的后果。如果有一个朋友不信,他说昨夜很热,绝不至于下雪,总要和我强辩,我便可以打开窗子,指给他看天井里的雪,以证实我的话。指着天井里的雪以证明昨夜一定有下雪的事,这便是根据后果以证明事前一定有某种前因。天井里的雪,乃是我所下的断语的铁证。

由果推因的论证所根据的事实,都是在所辩的事故发生以后才观察到的事实。这种论法,叫做由果推因 / 因流溯源(a posteriori)的推论。侦探调查罪犯,就是用这种论法。在犯罪行为发生之后,用机警的观察,单凭蛛丝马迹,也能够把犯人寻出,这就是侦探的本领,也可见由果推因的论证法用处之大。罪犯小心谨慎,惟恐他人用事后推论法追寻他的罪,多半用尽心血,不留一点儿痕迹。所以侦探推理的方法,有许多有趣的。侦探小说之流行,其缘故也就是在此。

由果推因的论法,其用处最初通行的时候,是由于爱伦·坡的种种侦探小说出世。到《福尔摩斯侦探案》这书问世的时候,算是这种论法的用处流行最盛的时候。《福尔摩斯侦探案》一书,是柯南·道尔杜撰的。他说福尔摩斯的观察力非常厉害。有一次，一个年轻的女子来会他，他看见这个女子的手指尖端稍有梳齿状。从这个后果，便推到一个前因，说这是由于按钢琴太多的缘故。根据这个观察，又加上别处的审视，便断定这个女子是一个音乐家。有一次他看见一个农夫，看着农夫的鞋子带了一种泥，便推测这个农夫一定是刚从伦敦城附近的某村回来，因为脚上的那种泥，只有那个村子才有，别处找不出来。脚上的泥，便是后果。农夫刚从某村回来，便是前因。福尔摩斯所用的推理法就是由果推因的方法。

这种推理法在辩论术里的实用，很容易看出。比如说，"受酒害的人多，乃是由于政府不禁止卖酒所致"。受酒害的人多便是后果，政府不禁止卖酒便是前因。又如说"学生不懂功课，乃是因为老师不会教"。学生不懂功课便是后果，老师不会教便是前因。这都是由果推因的论法应用于平常论证的例子。

由果推因的论证，须依以下的规则：

一、所推定的前因必须确有发生后果的力量

观察了一个后果，便断定这个后果一定是由某种前因导致，下这个结论的人，必须先证明所推定的前因确能产生所观察的后果。通常所犯的毛病，多半是所推定的前因，其力

量分明还不足以发生所观察的后果，便草草率率断定前因是它。例如孙中山革命成功，有些人便说他之所以成功全凭一张嘴的力量，其实他的成功哪里单是靠他的嘴会说呢？

　　嘴会说，当然也是成功的一个小原因，但单凭会说，哪里就能够做到这样大的事呢？有许多人比他更会说话，如何不见成功？所以口才之外，还有许多条件，如满清衰弱、民智渐开等等，都是他成功的前因之一部分。又如财政赤字，我们便说什么财政部侵吞公款，其实即令财政部果然侵吞公款，这一个部委的行为也只能算财政恐慌的许多原因中的一个，以外还有什么实业不振等原因，都是前因的一部分。前因既是如此之多，单提一个当然不够。但是究竟要多少前因然后能生出某种后果呢？这个问题，便要凭自己的判别力去解决。比如，某人从三尺高的土坎跌下，第二天死了，若说这一跌就是他所以死的原因，一定不足以取信；若从百尺高的城墙跌下，我们说是他所以死的原因，就合乎情理。前因够与不够的区别，由此便可知道。但若跌下的高度是在这两极端的中间，那么跌时其他情形便也得要想到，以判定前因够与不够。总之，要想推定某事是某事的前因，一定要证明这个前因确有发生这个后果的力量。

二、所推定的前因与所观察的后果中间，不容有旁因掺入

所推定的前因，其行使作用的时候，常有一个范围。这个范围，论证时必须把它明白显示出来。要想显示这个范围，可证明"除所推定的前因以外，旁因一概不能产生所观察的结果"。如果有些旁因表面上似乎足以发生所观察的结果，便应把这些旁因一概驳开；或证明它们当时并未行使作用，或证明它们实际上并不能发生所观察的结果。杂因一概驳倒，就可以显示出所推定的前因一定是真因了。例如有一个学生，成绩太差。教师问他，他说成绩不好是因为身体太弱。把身体太弱这句话，当作成绩太差的前因。教师对于这个理由有些怀疑，便问他："你每星期至少要到电影院去一次，有些时候还去了四五次，是吗？"学生哑口无言，只得承认。教师又追问，知道他每星期还要花一晚上时间去学跳舞；又知道他入了一个社团，每星期二与星期五的晚上都要去；并且知道他时常在中央公园的球场打篮球。这些事实（旁因）已经证明学生所说的前因（身体太弱）和教师所发现的后果（成绩太差）的中间，明明另有一个独立的原因（贪玩）掺入。身体太弱，本来可以说是成绩不好的一个正常理由，但有了贪玩的情形在中间，理由便不能成立了。成绩不好，就不能

说是由于身体太弱了。前因后果之间，显然有"贪玩"这个不正当的理由掺入。

如果学生没有贪玩的行为，并且能证明他自己曾经如何用功，又证明他从前身体好的时候成绩是如何好，那么身体太弱的原因就能成立。总之，无论什么由果推因的论证，都应该第一先证明所推定的原因确能产生所观察的结果；第二再证明所推定的原因以外，并没有别的原因足以产生这个结果。

三、所推定的前因行使作用的时候，必须未被阻挠

所推定的前因必须有一个行使作用的范围，前节已经说过。这个前因不但是不能有旁因掺入以生所观察的后果，并且不能有别的阻力掺入以阻挠其作用。若有表面上似乎足以阻挠前因的作用的情形，就应把它指出，证明它实际上并未阻挠，或并不足以阻挠。例如一天早晨，铁路旁边发现了一具尸体，尸身上还留着撞伤的痕迹。有人便说这一定是昨夜本地快车开过的时候撞死的。昨夜并没有别的火车开过这个地方，并且死的人是七八小时以前才死的。这个疑案，似乎已经明白了。所遇的后果（人死）显然是由所推定的前因（本地快车）所致的。但认真去一调查，才知道本地快车昨夜因为在支路上坏了，并不曾开过此地。这种事实，就是

所推定的前因以外，掺入了一个阻力（车坏），阻挠了前因的作用。既有阻挠，所推定的就不是真因。过后经过若干调查，然后知道铁道旁边的死人，其实是自杀。

再把以上三节总括一下：论证若用由果推因的方法，必须第一证明所推定的前因确有发生所实见的后果的力量；第二证明所推定的前因和所实见的后果的中间，没有旁因掺入；第三证明所推定的前因的作用，并未受外力的阻挠。综合这几个要件所得出的结论，然后可以算是牢固健全。但是实地应用这几个规则的时候，要有一点判断力。并且要能应用纯熟、不露马脚，然后能收说服的功效。

由因推果的论证

根据观察所已及的前因，以证明或预断观察所未及的后果，推定必有其事，这种论证叫做由因推果的论证。例如我看见气温很低，寒暑表降到0℃以下，出门时身体露在外面的部分令我觉得冷阴阴的痛。这个事实，就包含了几个后果。有一个后果，便是"我家房子旁边水池里的水一定冻了"。我观察了前因（气温降低），马上就说出后果（池中水冻）。这种推理法叫做由因推果（a priori）。结论所根据的事实，是在所辩的事故发生以前观察到的事实。又比如，我见到现在天已开始下雨，雨势似乎很大，我就马上下了一个结论，说"半小时以后，路上的泥土必定很多"。这也是一个由因推果的推论。

上面这两个例子，虽同是由因推果，却有不同的地方。第一个例子里面，观察前因的时候，后果已经有了；第二个例子里面，观察前因的时候，后果还没有生出来。不同的地方就在这点。不过两个例子中推定后果的方法，都是以前因为基础，这就是相同的地方。这种推理法所能推的后果，就时间而言，有以下的关系：

（1）能由过去推现在。

（2）能由现在推未来。

（3）能由过去推未来。

（4）能由较远的过去推较近的过去。

（5）能由较近的未来推较远的未来。

由上面前前后后所说过的话看来，可见由因推果与由果推因的论证，不过是演绎推理的一种特别形式。这两种推理法，都可以用三段论式去试验它的虚实。上面所举的例子，若用三段论式表示，便是下面的样子：

（1）凡气温降低定有冰冻。

（2）现在气温降低。

（3）所以现在定有冰冻。

（1）凡地上堆雪，其先必有下雪的事。

（2）今天地上堆雪。

（3）所以今天以前必有下雪的事。

这两个论式，可以用极简单的公式表示如下：

由因推果的公式

（1）A 之前必有 B。

（2）C 是 A。

（3）所以 C 之前必有 B。

由果推因的公式

（1）A 之后必有 B。

（2）C 是 A。

（3）所以 C 之后必有 B。

前节论由果推因的论证的时候，我们曾经定出几条规则作为试验虚实的工具；现在我们试验由因推果的论证的虚实，也有几条规则。能合这几条规则的就是健全的，不然，就不健全。

一、所观察的前因必须确有发生所推定的后果的力量

此处所谓"有发生后果的力量"，乃是要绝对能发生后

果，不是或然。若带了或然的性质，便不是健全的推理。例如，惯好吸烟喝酒，身体一定要衰弱；被针扎到，一定会疼。这些因果相随的例子，虽然原则之中，间或有一二例外，但是因果相随的形势已十分可靠，实际上讲来，都是可以绝对相信的。

二、若引过去的经验作证，必须证明所观察的前因一般发生所推定的后果，没有一次例外

有了某个前因，虽然一千个机会里没有一个机会是可以产生某个后果的机会，但这个后果偏偏生了出来。这种出乎寻常的机会，论证时不可引为根据。以甲为乙所必生的后果，必须就经验所及，每逢有乙便生出甲，没有一次不是这样，然后其因果的确凿才能断定。这种规则不单是辩论术所应守的，就是在纯粹科学中，也应绝对遵守。例如某几种化学药品掺兑，在某种条件之下，一定生某种结果。吸铁石靠近铁沙，一定把铁沙吸起。这都是科学上的事实，经多次试验证明。科学以外的人事，虽然没有这样准确，但只要因果相随的关系是大家的经验所公认的，也未尝不可用这个规则。虽然间或有例外，但于原则仍然无损。例如，加高税率，政府的收入一定可以增加。粮食缺乏，一定涨价。这种由经验得来的结论，虽然有时发生例外，但例外很少，十分之九的实

事都与原则相合，所以仍然可信。辩论术里所要的确定，乃是这种确定，不必像科学里那样确定。

三、所观察的前因行使作用的时候必须未被阻挠

产麦的地方天旱，面价自然要上涨。这个推论，不但理论上前因实有发生后果的力量，即以过去的实地经验而论，也足以证明。但是假若麦子的进口税大大减少，外国的麦子因而进口，进口如果很多，也可以使麦价不涨。遇着这种情形，减轻进口税便是一种阻力。掺入所观察的前因（产麦的地方天旱），使它不能生出所推定的后果（面价上涨）。所以用这种推理法，必须详细调查环境，看究竟有没有阻力在其中行使作用，变更结果。

四、所下的结论宜用确实的证据证实

由因推果的论证，虽然经过上面的种种试验，都已合理，但或成或败，还是要靠确实的证据。没有确实证据，虽然理论周详，也没有多大的效力。例如，某甲失踪，有人告某乙为谋害者，审判的结果，把乙处了死刑。不过一年之后，水落石出，某甲忽然回家，才知道乙实无罪。误受刑罚的人多半是受过死刑之后，人们才知道他是冤枉的。可见推论的时候，不可不特别留心。处处要有实据，然后因果的关系不至于弄错。

由因至果的论证，在审判罪犯的时候用得很多。以犯罪的动机为前因，犯罪的行为为后果。例如贪财心、复仇心、嫉妒心等等，都是犯罪的动机。法庭审讯，多半是先由证明确有这些动机下手。但推知动机，处处都离不开实据。

由果推果的论证

由果推果的论证，乃是由一个由果推因的论证和一个由因推果的论证合并而成的。例如小孩看见寒暑表在0℃以下，便说今天早晨一定有人在滑冰。寒暑表在0℃以下，既不是滑冰的因，也不是滑冰的果。寒暑表的度数与滑冰这两桩事，都是同由一个原因生出的结果。这个共同原因，就是气温很低。小孩看见了这一个结果，便断定那一个结果。这便是由果推果的论证。其实就是由某因的一果以推同因的他果。又如看见运动员大汗淋漓，便推定他的脉搏一定跳动得很快，这也是由果推果。出汗与脉搏的跳动加速，都是运动激烈的结果。这两个例子里所含的推理程序如下：

一、寒暑表在0℃以下便有人滑冰

（一）由果推因

1.寒暑表在0℃以下，气温便低于冰冻点。

2.现在寒暑表在 0℃以下。

3.所以现在气温低于冰冻点。

（二）由因推果

1.气温低于冰冻点，有人滑冰。

2.现在气温低于冰冻点。

3.所以现在有人滑冰。

二、运动员运动出汗的时候脉搏一定很快

（一）由果推因

1.运动员运动出汗的时候，运动一定激烈。

2.现在运动员运动出汗。

3.所以他的运动一定激烈。

（二）由因推果

1.运动员运动激烈的时候，脉搏一定很快。

2.现在他运动激烈。

3.所以他的脉搏一定很快。

既知道这种推理是由由果推因和由因推果两部分合并而成，便可以推知试验虚实的时候应由什么地方下手了。第一步须先把论证分为两部分，一是由果推因，一是由因至果。第二步再用由果推因的论证所必依的规则，去试验由果推因的一部分；用由因推果的论证所必依的规则，去试验由因推

果的一部分。所有的规则既已在前两节讨论，此处不必重述。

【概要】因果论证

1. 由果推因的论证

（1）所推定的前因必须确有发生后果的力量。

（2）所推定的前因与所观察的后果中间，不容有旁因掺入。

（3）所推定的前因行使作用的时候，必须未被阻挠。

2. 由因推果的论证

（1）所观察的前因必须确有发生所推定的后果的力量。

（2）若引过去的经验作证，必须证明所观察的前因一般发生所推定的后果，没有一次例外。

（3）所观察的前因行使作用的时候必须未被阻挠。

（4）所下的结论宜用确实的证据证实。

3. 由果推果的论证

（1）先分为由果推因与由因推果两部分，然后适用上面的规则。

第 *4* 章　类比论证

两件不同的事，我们已经知道其间有些性质相似，便推论其间的其他性质也必然相似，这便是类比。例如，一枚鸡蛋和一粒种子，本来是两样不同的东西，但是其间有许多性质都是相同的。我们既已知道两样东西有许多地方相同，现在如果知道某种性质是这一个所有的，不知是不是那一个所有的，便可用类比法推出，说这种性质，一定也是那一个所有的。即如鸡蛋，我们知道鸡蛋发育必需适宜的温度，用类比法一推，使知种子发育也必需适宜的温度。这种推论法，时常是由已知推到未知。所靠的基础，只是两件东西的类似性。类似性虽然不是处处可靠，但就经验所知，如果两样不同的东西，有许多地方相似，其他还有许多地方，不必用实际的调查，也可以断定它们一定相似。

类比论证，就是应用这种类比的原理。若引极平常、极浅显的东西作比喻，最为有力。用浅显平常的比喻，可以把抽象的、虚玄的道理变为简单的、具体的。又所比的性质，必须彼此类似，要能使人不必用什么想象力也能懂得，才算好比喻。比喻越俗，其印入人心也越深。

要想寻找适当的类比，最好是先看所要下的结论中间有什么普遍的原理，所持的理由可以适用于别的什么东西，与别的什么事件所含的理由相似。既把这个普遍原理看出，再去找一件容易捉摸的与常人熟悉的事情来作比喻，便容易了。

类比论证在辩论时，虽然用处很大，但绝不能真正证明题目，充其量不过能增高或然的程度罢了。或然的意思，就是与真很接近或与假很接近的意思。类比的最大用处，是在结论已用其他方法确实证明之后，再用比喻去增加结论的力量，使结论分外强固、分外生动。比喻适当的时候，所加的力量却不小。但是引用比喻，最容易自投罗网。有些时候，自己所引的比喻里面，隐含了不利于己的相似点，自己引用的时候虽不觉得，说出去却为对手所利用了。假如现在有人新组织一个烟草公司，大卖股票。发起人想多卖股票，便说新公司与南洋烟草公司无异，将来一定与南洋烟草公司同样发达。于是卖了许多股票。但南洋烟草公司的股东，所分的利息很重。这些新公司的股东知道这个内容，便将就发起人原先所下的类比论证（新公司与南洋烟草公司无异），推论如下："新公司既与南洋烟草公司无异，我们股东所分的利息，便应与南洋烟草公司股东所分的利息相同。"但是南洋烟草公司已经成立多年，根底早已富厚，股东虽然多分利息，依然可以赚钱。新公司刚成立，销路既不广，费用也很大，哪里有许多利息可分？这两个公司虽然有许多地方相似，但分利的情形完全不同。发起人下类比论证的时候不谨慎，终究是自投陷阱，折了本金。

不牢固的类比论证，例子很多。可见类比论证要想牢固，不得不依一定的规则。所应依的规则如下：

相比的东西，其所比之点，必须处处相似

一个类比论证，有两件东西：一件是正题所论的事，一件是引作比喻的事。所以两元中什么地方必须相似，什么地方可以不必相似，只须看什么地方与结论有关系，什么地方与结论无关系，便可确定。实际辩论的时候，所用的类比论证的两元，如果有些地方相似，有些地方不相似，就应证明相似的地方是与结论有关系的，不相似的地方是与结论无关系的。若不如此证明，对手便有从不相似的地方来攻击的机会。

类比论证里，若能证明正题所争的事，不但与所引的比喻情形相同，并且还有更甚的地方，则结论的力量更大。这种类比可以叫做进一步的类比，或"加强比论"。在逻辑学中，叫做"进一步论法"（a fortiori reasoning）。例如："羊跪乳，乌反哺，禽兽尚且知道孝养，何况人呢？"又如，有人辩论"凡高等学校，均应加儿童训育法一科"。正方辩者引农业专业学校的畜产科作类比，说："如果养猪、养牛、养羊的学科都有列入高等学校课程表的价值，难道养儿童的学科，其价值还不更大吗？"

类比所根据的事实，必须真确

两元里所有的一切事实，不可有一处是虚的。若有一个虚的事实，结论便不牢固。比如，天津有一个辩论者主张把电车管理权移归该处地方掌辖。他引了上海为例，说上海的电车事业与天津的电车事业类似。他又引了许多证据来证明两下的情形相同。他的结论说，上海的电车事业既可以由本地政府管理，天津的电车事业也未尝不可以由本地政府管理。说了一大篇，对手却引了确实的证据，证明上海的电车事业并不是由本地政府管理。于是一切类比，完全失败。这就是因为两元之中有一个事实不真确。

这种情形，乃是类比论证出现谬误的大根源。无论自己的论证还是对手的论证，都应该极力检查这种错处。要想检查这种错处，必须自己对于两元所有的性质、所包括的内容一概都了然于胸。所知道的越多，越有胜利的把握。这是讲检查的时候应该如此。但是有些人用比喻时，每每喜欢于事实之外，格外加许多粉饰，以图与其情相切。这种习惯，乃是自欺欺人，大伤忠厚的事。凡是辩论，都要先存忠厚二字，用类比法的时候，忠厚二字尤其要紧。如果不存忠厚，不以真确事实为根据，其结果不是骗了自己，就是骗了他人。所以类比论证所根据的一切事实，必须真正确实。

所下的结论，宜用真确的证据证实

前面已经说过，类比论证虽然十分完全，也不能算是绝对的证明，充其量不过可以提高或然的程度。若要使结论牢固，还是离不开别的正当推理法。类比的最大功用，可以说是"暗示结论"。暗示结论，就是隐隐约约之中把结论逼了出来，使人易于相信。既经暗示之后，再用什么归纳、演绎、因果等等推理方法来证明它。一个结论，如果有两三种推理法同时证明，则其结论的或然程度更加真确。绝对的证明，虽然一定要依正当的推理法，但是或然性如果十分充足，也就差不多可以使人相信了。

大家不可因为类比论证需要其他正当推理法的帮助然后才能成立，便看轻了这种论证。其实这种论证，除了证明结论的真假，还有两个很大的用处。第一，须用别种推理法去坐实或攻破的结论，可以先用类比法把它逼出来。第二，叙述事件，用类比法叙出，可以格外清楚，就是愚夫愚妇，也能懂得。恰当的比喻，能使听者心里生极深的印象，久后虽把正式的推论忘却，这种印象还是留在心里的。

【概要】类比论证的要件

（1）相比的东西，其所比之点，必须处处相似。

（2）类比所根据的事实，必须真确。

（3）所下的结论，宜用真确的证据证实。

第 *5* 章 谬 误

论证里的错处，叫做谬误。谬误有两种原因，一种是由于推理的方法有错，一种是由于所根据的事实有错。自己的辩词里有谬误，应该设法找出，设法减少。对手的辩词里有谬误，应该设法找出，设法披露。这一番工夫，在辩论术中也是十分重要的。

一见便知的谬误，辩词里不常见。通常的谬误，多半有许多言辞的粉饰，外面好像没有错处一般。并且多半全篇辩词之中，虚的地方只是这言辞粉饰的一二处，其余的理由都是真正坚固的。所以要想把虚的地方和实的地方分辨出来，很不容易。数学里面的运算，尽管全部运算都对，但只要有一个地方错了一个数字，结果便不正确。辩论的推理也是这样，只要有一句话不对，全篇辩词都要大受影响。错的地方尽管很小，所连累的地方却很大。哪怕全篇辩词有几千几万字，只要内中有一个句子里面藏了一个谬点，或有一个"假设"是不可靠的,这一个小小的错处,指责出来,便可以使全篇辩词大部分都好像是错的一般。

虽然有些人的谬误是有意欺人,有意粉饰,但是有许多人的谬误乃是出于无心,连他自己也不知道错处所在。所以遇着谬误,不可动辄便疑惑他人居心不正。由于推理不细心与缺乏发现谬点的能力而生的谬误,实在比居心骗人的谬误更多。我们研究谬误,应把它分为若干类,一类一类地讨论。不过分类很不容易。无论怎样分,实际应用的时候,总不免互相侵越,互相混杂。同一个谬误,从这方面着眼,可以归入这一类,从那方面着眼,又可以归入那一类。并且谬误的出现,常有一些连带的关系,连带的关系不同,种类也不同。本书的分类法是以谬误所在的论证的种类和谬误出现的形式为标准。照这样分类,最便于发现谬误与减少谬误。

归纳论证的谬误

完全归纳里,要想寻出谬误,可先检查结论,看它所概括的是不是只限于它所根据的那几个实例,其次再看这些实例究竟是不是确实的。如果结论所概括的越出了所根据的事实的范围,或者所根据的事实是假的,便可以断定它的结论不对。

不完全的归纳里，要想寻出谬误，必须应用不完全的归纳立论时所必依的规则。凡遇含有不完全的归纳的论证，寻找谬点的时候，都应经以下几步：

一、看归纳所根据的实例共有几个

有些辩词里面，归纳所根据的实例是明白说出的。共有若干实例，只须数一数便可知道。若遇这种辩词，这第一步是很容易的。但这种辩词不常见。通常用不完全归纳的人，多半喜欢说"我还有许多实例可以证明我的结论"，或说"同类的例子多得很，不可胜举"。听到这种话的时候，绝不可因为他的口气包括很宽，便不问其中有没有错处。其实空虚的地方，多半藏在这种话里。他说实例很多，我便要追根到底，问他的实例究竟确有多少，究竟是些什么实例。他若真能引出充分的实例，并能证明其实例之多，足以免掉偶然凑巧的或然性，他的结论便能成立。若不然，便可说"这个归纳论证，含有谬误，因为结论所根据的实例太少，不足以使结论成立"。

二、看结论所概括的东西（或人，或物，或事）是不是性质相同的

这个检查法的性质，参看前章关于不完全归纳的规则便

可知道。检查时如果看出结论所概括的东西有性质不同的地方，便可指为谬误。

三、看结论所根据的实例是不是中平公道的例子

辨别对手的实例公道不公道，比辨别自己的实例容易得多。辩论的人，对于自己所引的实例公道不公道，多半先有成见，没有真正的判断力。若让他人看，便容易判断。所以自己选择实例的时候，必须取一种不偏不倚的态度，自加审察。他人的实例若不公道，便可指为谬误。

四、看结论的概括语有没有例外

攻击归纳论证最有力的办法，莫如指出例外。结论的效果，只要有一个例外，便可以使它弱了几分，如果多有几个例外，几乎便可以把它完全推翻。如果能证明例外的数目比结论所根据的实例还多，便等于证明所下的概括语完全是假的。搜求例外，须用搜求实例以证明结论的办法去搜求。如果归纳所下的概括语有了例外，便可指为谬误。

五、看所下的结论合不合情理

归纳论证，如果表面上与常人的经验相反，便不是说服他人的利器。遇着归纳论证，若能证明它与自然法相反，或者除归纳法以外，没有别的推理法可以证明它，便可以使它的力量弱化几分。实际辩论的时候，若照这种方法去攻击，

差不多别的指谬法都可以不必用。只要能明明白白地证明它不合情理，便可指为谬点。

演绎论证的谬误

前章已经讲过，演绎论证，必须依一定的规则，才能健全。其实搜求谬误的时候，只要知道那些规则，便可自由应用。不过这里面有些谬误很重要，并且最容易隐藏，所以不能不另外特别研究。这里面的谬误，可分两种讨论。一是实质的谬误，一是逻辑的谬误。

一、实质的谬误

前面已经讲过，演绎论证，成三段论式的模范式的很少，成不完全论式的很多。又讲过，遇着不完全论式，应先把它化为三段论式的模范式。化的方法，也曾经详细说明。大家学到本章的时候，对于那种变化论式的方法，一定早已熟习了。所以我们现在研究寻求谬误的方法，就可直由模范式下手。不完全论式既已化为三段论式的模范式，第一步便要审查大小前提，看有没有实质上的谬误或事实上的谬误。立论的时候，我们已经小心谨慎，务求前提里的事实不虚。现在再来检查，也正是为了看前提里究竟有没有什么错的地方。

比如，有一个大学二年级学生，要求赵某成为二年级足球队队员，他说"凡二年级学生都应该预备成为足球队队员"。把他的话用论式表示出来，便是：

（一）凡二年级学生都应成为二年级足球预备队队员。

（二）赵某是一个二年级学生。

（三）所以赵某应成为二年级足球预备队队员。

我们把大前提看一看，便知道不是确实的话，因为体力不能踢足球的，虽然是二年级学生却不一定要加入足球队，这是很明显的。所以演绎的结论不能成立。如果大前提已经看出是真的，第二步还要看小前提如何。如果查出赵某是一个三年级学生，则小前提不合事实，演绎也不能成立。演绎论证里，只要能证明大前提不真或小前提不真，便可指为谬误。

二、逻辑的谬误

逻辑的谬误，乃是推理方法上的谬误，与前提里事实的真假无关。现在所要讨论的逻辑谬误，共有四种。这四种乃是通常最容易遇着的：（1）中名词不广衍；（2）程序不当；（3）前提不相干，或不顾正题；（4）不证而断。

（一）中名词不广衍

演绎论证里最常见的谬误就是中名词不广衍。这种谬误，乃是大前提的缺点所造成的。什么缺点呢？就是大名词没有完全包住中名词。下面这个论式，便是一个恰当的例子：

（大前提）有些中学生能读日语书。

（小前提）张某是一个中学生。

（结论）所以张某能读日语书。

这个论式里，大名词（能读日语书的人）没有把中名词（中学生）完全包住，仅包了中名词的一部分。中名词既明白说出有些中学生能读日语书，可见一定有些中学生不能读日语书。换句话说，就是中名词所包括的中学生，仅仅是中学生的一部分，不是中学生的全体。这个关系可用画圈法表示如下：

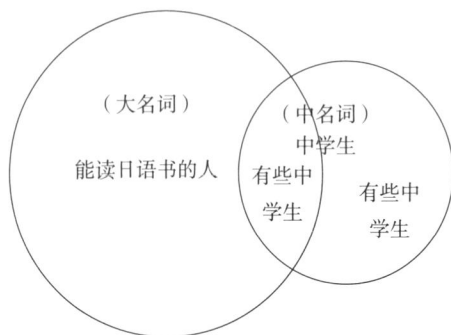

可见有些中学生，是在能读日语书的人的范围之中，有些中学生是在能读日语书的人的范围以外。我们对于张某，

只知道他是一个中学生，怎么能够确定他是在能读日语书的人的范围以内，还是在能读日语书的人的范围以外呢？如果他是在能读日语书的人的范围以内，所下的结论当然是碰运气碰好了。倘若不是在那个范围以内，所下的结论便完全谬误。我们既不能确定他究竟是在内在外，当然不能下结论。张某所处的位置，可用下图表明：

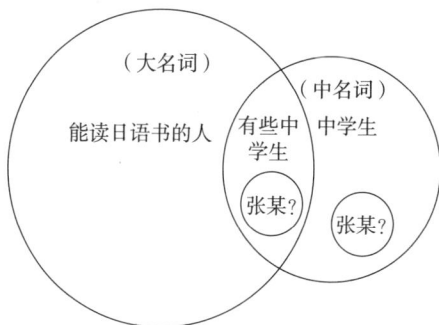

这个论式，其谬误只是因为中名词不广衍（就是说中名词未用全部语气）。要想免除这个谬误，只有把大前提里的中名词变成广衍。就图上说，就是把中名词的圈完全包入大名词的圈里。这个关系，可用下面的图形表明。中名词既变为广衍的，全论式的字句便成了下面的样子：

（大前提）凡中学生都能读日语书。

（小前提）张某是一个中学生。

（结论）所以张某能读日语书。

（大名词）

能读日语书的人

（中名词）

中学生

　　这样一变，切不可以为谬误的地方就已经改正了，这论式就是牢固的论式了。其实论式既变，便另是一个新论式，不是从前的旧论式。既另是一个新论式，便应另外从头搜寻谬误。第一步还是要检查前提，看与事实相符不相符。新大前提里说，"凡中学生都能读日语书"。这话是不是真的呢？当然不是真的。既不是真的，这个新论式便是与从前的论式一样，终究免不掉谬误。不过原来的谬误是逻辑的谬误，现在把它变为实质的谬误罢了。以上所做的，都是为了披露"因为张某是一个中学生，所以张某能读日语书"这个论式的谬误。

　　中名词不广衍的谬误，还有一种样子，其谬点更不容易看出。例如：

（大前提）凡演说家都很有本领。

（小前提）李某很有本领。

（结论）所以李某是一个演说家。

这个论式，两个前提都可以说是对的，但下的结论总觉得有点儿不对。这不对的地方究竟是在哪里呢？我们若用三段论式的规则来试验，便知道是因为中名词把大名词包住了，大名词倒没有把中名词包住。这个关系，可用下面的图形表示出来：

很有本领的人

演说家

可见演说家仅仅占"有本领的人"的一部分。若把结论与小前提的位置交换，结论变为"所以李某很有本领"，小前提变为"李某是一个演说家"，那么前后的关系便合理，大前提也能成立。若照原来的样子，结论是"所以李某是一个演说家"，这句话并不能从"凡演说家都很有本领"和"李某很有本领"这两个前提推论出来。从这两个前提，只能推出"所以有些很有本领的人是演说家"。我们虽然知道"凡演说家都很有本领"，但反转来说，便不能确定"凡很有本领的人都是演说家"。很有本领的人只有一部分是演说家，其余还有些什么政治家、文学家、律师、军人……不可胜数。所以我们只能说"有些很有本领的人是演说家"。我们现在若用这句话作为大前提，便可得下面的论式，其谬点与前节的例子无异：

（大前提）有些很有本领的人是演说家。

（小前提）李某是一个很有本领的人。

（结论）所以李某是一个演说家。

由这个论式一看，便知道错处是因为中名词不广衍的缘故。这种谬误，在有些题目里，往往生出很可笑的结论。遇着生出可笑的结论的时候，其错处便特别容易看出。例如说：

1. 凡猴都是动物。

2. 李某是动物。

3. 所以李某是一只猴。

这个推论，一见就知道是不对的。凡遇这种推论，所应注意的是大前提里两个名词的关系。务须使大名词包中名词，不可使中名词包大名词。"凡演说家都很有本领"，其意义本来与"有些很有本领的人是演说家"的意义差不多。不过在前一句话里大中两名词便有混淆的机会,在后一句话里大中两名词的位置得当,有错处马上就可以看出。所以遇着有这种谬误的论式,须先把大前提的内容看清楚,变为合式的叙述,然后指出谬误。

(二)程序不当

大小名词在前提里的形式与在结论里的形式,必须相同。如果不同,就是不当。这就是说,大小名词在前提里倘若是肯定,在结论里一定也要肯定;倘若是全部,在结论里一定也要全部。例如下面这个例子,大名词在大前提中原来是肯定,在结论里忽然变为否定,便是犯了不当的弊病。

(大前提)凡踢足球的人都强壮。

(小前提)王某不是一个踢足球的人。

(结论)所以王某不强壮。

谬误的地方显然看得出来。踢足球的人并不能把一切强壮的人都包尽。有些人虽然不是踢足球的人,却也强壮。强壮人的范围比踢足球人的范围更大。王某虽然不在踢足球人的范围以内,不能就说他不在强壮人的范围以内。这个关系,可用下面的图形表明:

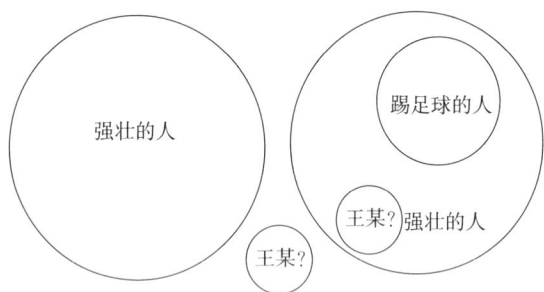

由上面的图形看来，可见"凡踢足球的人都强壮"和"王某不是一个踢足球的人"这两个前提，对于王某的强壮不强壮，简直无确定关系，不能推出判断。王某可以在强壮人的范围以内，也可以在强壮人的范围以外。所以这个论式是谬误的论式。这种谬误，在通常的实际辩论中，有没有这样明显容易看出，多半要先把辩词的话语化成三段论式的模范式，然后才看得出来。

有时，论式里的小名词在小前提里本是不广衍的，到结论里忽然变为广衍（即由部分变为全部）。这也是程序不当的谬误。总之，无论小名词的范围变大变小，只要在结论里与在小前提里生了一点儿差别，便要生同样的谬误。例如有一个商人说："我不愿意送我们的儿子进高等学校，因为有些高等学校学生是专好游戏的人，游戏是我所恨的。"这个论证里面，前后的名词，形式不划一。一时说"学校"，一时又说

"学生"，前提所指的东西不同、范围各异，当然不能得出正确的结论。

（三）前提不相干，或不顾正题

这种谬误，乃是把所要下的结论置之不理，反去证明别的结论。在逻辑学中叫做故逃论旨（ignoratio elenchi）。通常辩论的时候，犯这种毛病的很多。真正要领所在的地方，不去讨论，反去找一些无关轻重的话来说。其所以如此，大概有三种原因：有些人是居心欺骗，故意讲些不相干的话，使听者顾不上注意真正的论点；有些人是由于分析题目的时候没有分析透彻；有些人是由于没有正确推理的能力。

讨论这种谬误，第一应先分析辩词，看所要证明的究竟是什么东西。找出这个要领之后，再把它化成三段论式的样子。大前提是什么东西？小前提是什么东西？大小前提与结论有没有合理的关系？这些问题，若能一个一个地解答，便可以把谬误地方指出。所难的只怕分析不清楚，不能找出前提与结论。

不顾正题的论证，形式很多，现在只把最常见、最重要的几种列举于下：

1. 诉于情感、成见或讥嘲

有些时候，辩论者对于对手的真正理由置而不驳，却只加一些奇怪的形容语，用诙谐的话，把人的注意引到别的事情上去。这种逃题法，完全不讲道理，只是诉于听者的情感，迎合听者的好恶，以图逃避正论。

2. 攻击对手本身

辩论所辩的是道理，与辩论人本身原本毫无关系。但有些人往往喜欢在辩论的时候，离开题目，去攻击对手的人品。例如辩论禁吸香烟问题，所应辩的论点是"香烟应不应禁吸"，如果攻击对手，说他好吸香烟，便犯了攻击私人的弊病。

3. 攻击辩论所论及的人本身

一件事的是非真假，不能用个人的道德、地位、行为为口实，以为推理的基础。如果用这些东西来推论是非真假，便是超出题目的范围。比如，所辩的问题是"王某是不是杀了张某"，便不能说"王某曾经骗过赵某，曾经打死过李某，所以张某一定是他所杀的"。这种骗赵打李的行为乃是个人品行上的事，与杀张的案子毫无关系。要想证明他杀张，必须有确实的证据，哪里可以随便推测？诸如此类牵涉私人的话，无论是攻击对手，还是攻击与辩论有关的他人，总是无补于论证的。

4. 诉于风俗习惯

"从前既是这样，现在也应该这样"这种话，都是不顾正题的话。如果古人做事，件件都依旧例，恐怕世界到了今天，还是同上古一样。如果现在的人做事，件件都依旧例，恐怕世界的进步马上就要停止。一百年以前，向人说有什么飞机，有什么潜艇，几千里路以外能听人讲话，一分钟可以走几里路，谁会信？可这些话现在都成为事实了。从前以为办不到的，现在却办到了。教育、政治、文化上的事，也有许多是这样。由此看来，可见单以风俗习惯为根据的论证，实在没有多大的分量。遇着这种论证，应以"理由"两字对付。

5. 变更论点

一时所讲的要领在这个地方，一时所讲的要领又跑到那个地方，叫做变更论点。变更论点的原因，有些是由于理穷辞屈，支吾搪塞；有些是由于用双关语。例如有一个辩手，先说"学校里面，应禁止学生看小说"。对手驳他道："小说是文学中很重要的一部分，外国学校的文学课本，多半是小说，难道这也是应该禁止的吗？"他没有话答，便说"我所说的小说是言情小说"。对手又引些证据，证明言情小说不一定是不好的，并且在小说领域，言情小说占大部分……他又没话答，于是说"我所说的小说是专指一切有害无利的小说"。这种论点变化（从小说变为言情小说，从言情小说又变为一切有害无利的小说），乃是词穷的变化。说话的人，对于自己的主张，没有划清界限，对于重要名词没有下出定义。总之，要证明什么东西，便始终都要证明什么东西。若开始要证明的是这样，随后要证明的又是那样，便犯了变更论点的谬误。变更论点的谬误，多半是埋伏在字句里边，不容易发现。

6. 驳对手未曾发过的议论

对手未曾说过的话，本不应无中生有去驳复。但是有些人居心陷害，有意把对手所说的话穿凿附会、妄加黑白；有些人虽不是居心陷害，却误解了对手的话。以至于对手未曾说过的话，也去用力驳复。这种驳论，无论原因如何，总是不顾正题的驳论。驳了半天，还是枉费工夫。有些时候，对手所发的真正议论，不能驳复，只得乱拉一个议论来驳，以混时间。所拉的议论，并不是对手所发的议论，纯是自己心里的杜撰，以为是对手所要发的。这也是逃题。其实照这样逃题假辩，倒不如不辩。

7. 另在一个连带的题目上去辩

这是离题最普通的方法。例如主张禁酒，有些人总说"减少饮酒的毒害"是有益于社会的。其实真正的题目，是问禁酒这个方法是不是处置酒业贸易的一个好方法。"减少饮酒的毒害"对于社会有利无利，不过是正题中所连带的一个问题。只去辩论连带的问题，就是不顾本来的问题。又如辩论"义务兵役制在中国必能实行"。正方极力去证明义务兵役制对于中国的利益很大,又去证明义务兵役制在德国实行成效很好,这便是去证明连带的问题去了。所证的问题,明明是义务兵役制在中国的利益与在德国的成绩,何曾证明原题呢?

(四)不证而断

不用证明,便定是非,叫做不证而断(petitio principii,又叫作臆断、专断或窃取论点)。所谓不证而断,并不是直接的不证而断,而是表面上用一点逻辑推理的格式,转了一两个弯,然后断定。其中最常见的种类如下:

1.循环论证

这种谬误,所牵涉的不只一个论式。起初是先把一个前提当作真的,其次根据这个未证的前提,下了一个结论,然后用这个结论去证明起初当作真的那个前提。例如有人劝你报考交通大学,去学铁路管理学,你问他为什么,他说因为交通大学的铁路管理学是全国最好的。又问他为什么是全国最好的呢,他说"铁路管理学,既是交通大学里的一科,当然是最好"。换一句话说,就是一点儿理由也没有。所答的话,虽然表面上好像有一点儿推理的格式,若把外面的格式取消,便等于说"交通大学,因为是中国最好的学校,所以是中国最好的学校"。

还有一个例子，是美国的阿德勒反对童工的话。他说："有些豢养奴隶的人……先剥夺了他们的机会，使他们一天比一天堕落；没有教育和自由……到了后来，反指着他们说，因为他们这样堕落，所以不应该让他们复兴。"这也是循环论证。

2. 直接断定

不用证明、直接断定论点的是非，叫做直接断定。用直接断定法的人，虽然明是直接断定，表面上总有些粉饰语，使人不知道他欠缺证明。若把粉饰语一概揭开，便要现出原形，露出无根据、无屏障的肯定语。例如说："曹操是一个大奸雄，因为他立身处世，时时存欺瞒之心，与王莽、安禄山如出一辙，并且居心险恶，待人不厚道。"这个论证，虽有许多话，但是一点儿实料也没有，等于说："曹操是个大奸雄，因为他是个大奸雄。"

有些时候，证明一件事，往往只要用一两个字，便把结论的是非先断定了。例如辩论"中学应否有两小时的习字时间"，反方说："我们讨论这个问题，第一要研究中学里每星期空废这两小时的时间来习字，究竟有没有用。"这句话里"空废"二字，早已把结论预先断定。既说是空废的时间，还说什么有用无用呢？有些时候，甚至题目里有这种预定是非的字样。比如辩论"地球是不是圆的"，既说"地球"，球当然是圆的，还有什么话讲呢？

3. 间接断定

预定是非最普通的办法里，有一个办法就是先下一个宽泛普通的断语，暗暗把题目笼罩在断语里面。虽然没有直接断定题目的是非，却间接把它断定了。例如有一个足球队的队员说："我们的足球队，这次比赛一定获胜，因为队长曾经说过我们绝不会失败。"这句话里，"我们的足球队这次能不能一定获胜"是本题的真正论点，"队长所说的话是不是一概可靠"是另外一个宽泛普通的问题。说话的人先把这个宽泛普通的问题的真假凭空断定了，便间接断定了本题真正论点的真假。终局还是不证而断。

间接断定的论证，还有一种样子，就是先把正题中所含有的一件应该证明的事，凭空断定，然后得出结论。例如辩论"教育部应通饬全国小学采用一致的教科书"。正方有一个人便去证明小学教育应当全国一致。他心里以为小学教育既应当全国一致，教科书当然应当一致。他却没有问一问"教科书一致就能使小学教育一致吗"。他单去证明小学教育应当全国一致，可见他心里已经凭空断定了"教科书一致就能使小学教育一致"。其实他凭空断定的这句话，正是要他证明的。既已凭空断定，何必推什么理。

因果论证的谬误

因果关系在论证中的重要性，我们已经说过了。只要在前因后果的中间，能证实有一种确凿的关系，推理的基础便已巩固。若不能证实有确凿的关系，推理便是谬误的。事物之间真正有没有因果关系存在，我们自然不能一概都下判断。有些时候，我们以为某两件事没有因果关系，其实并不是它们没有因果关系，而是因为我们未能看出因果关系。但这种情形虽多，我们却不能处处都以为是我们发现因果关系的能力不够。我们只要看见因果关系有不明显的地方，就应去寻找其谬误。

一、由果推因的论证的谬误

遇着由果推因的论证，只要能证明下列三条之一，就算将其谬误披露出来了：

（一）所推定的前因，没有发生后果的力量。

（二）前因后果之间，另有旁因掺入。

（三）所推定的前因，曾遇阻力，未能行使作用。

用由果推因法立论，很容易生谬误，不可不特别注意。下面所举的几种，是最重要最普通的谬误：

1. 把偶然凑巧的事实误认作前因

有许多迷信，都是这种谬误所致。比如，1921 年二月间看见彗星出现，三月间听见某地打起仗来，便说"彗星一现，果然有战乱"。把彗星之现，当作某地打仗的前因。其实这两桩事本来是风马牛不相及，哪里会生出什么因果关系呢？不过偶然凑巧罢了。若把一个当作因，一个当作果，便是谬误。

美国选举的时候，政党以演说竞争，犯这种谬误的更多。例如，某党执政，如果实业盛兴起来，这党的领袖人物便说这是他们执政的功劳。如果实业衰落下去，反对党便说这是他们执政的劣绩。其实这种事情，其中真有因果关系的很少，多半是偶然凑巧的。

有些人不分皂白，看见先发生的事，就认为因，后发生的事，就认为果。这种谬误，简直是一误误到底。例如，前天下雨，今天我丢一本书，虽然下雨在前，丢书在后，到底有什么理由可以说下雨是丢书的前因呢？但是平常的论证，有许多偏是以这种架空乱说的因果关系为基础，俨然也有人肯信，真是可笑。有一个美国学生辩论，他说美国某城刑事案件比其他城市分外多，是因为城里所住的黑人很多的缘故。

他也没有证明什么因果关系，只说城里有很多黑人，便足以证明刑事案件之多是黑人做出来的。有一个裁判员说："如果你可以这样说，那么去年冬天天气异常寒冷，也可以说是因为本州公理会会友很多的缘故了。"

两件事情发生的时间，即令屡次的次序都是先后相随，也不能因为屡次如此，就说其中有因果关系，只能说其中或者有因果关系。若要确实断定它真有因果关系，非先确实证明因果关系不可。

2. 把后果误认作前因

同一前因，可以生出几个后果。误果为因的谬误，是由于把第一个后果误认为第二个后果的前因。其实两个都是同因之果。例如前几年，有一个作家说俄国民众趋向无政府主义，是因为一般军人嚣张。有人驳他道："民众趋向无政府主义与军人嚣张这两桩事，都同是一个前因所发生的后果。这个共同前因，就是沙俄的政府专制。"

3. 把后因误认作真因

这种谬误发生，是由于见果求因的时候，误认一件事情为因，其实这件事情并不是真因，而是在结果已经发现之后才发生的事。例如有一个市长新到任，那时市里的行政费用大增，反对他的人便说行政费用之所以大增，是因为他来履任。新市长的同僚极力辩护，说行政费用大增，确是前任市长在任的时候已有的事实，并不是新市长到任以后才增的。结果还是反对的人把一个后因（新市长履任）误认为真因了。

4. 把不充分的前因误认作充分的前因

这种谬误，与前面所讲的种种谬误不同，因为其中前因后果之间并不是完全没有关系，不过关系太弱；所推定的前因，若没有别的前因相助，绝不能产生所观察的后果。不能看出所推定的前因太弱，就是谬误。

例如，农场今年新雇了一个工人，收成比去年加了一倍。农场主便说："今年收成这样好，全靠我新雇的这个工人能干。"其实工人能干固然是好收成的前因，但是今年的雨水比去年分外调匀，去年有水灾、今年没有水灾，这些也是前因。单靠一个工人能干，哪里就能使收成增加这么多呢？

二、由因推果的论证的谬误

遇着由因推果的论证，只要能证明下列四条之一，便算将其谬误披露出来了：

（一）所观察的前因，没有发生后果的力量。

（二）由过去的经验考察，所观察的前因有时不曾生出所推定的后果。

（三）所观察的前因，曾遇阻力，未能产生作用。

（四）有确凿的实据，足以推翻结论。

由果推因的论证中可能出现的谬误，由因推果的论证中也有。由因推果，有时更为复杂。即如未来的事，要由现在推知，我们所能推测的多半只是一面的结果，人事变迁，原因很复杂，有许多地方很难预料。比如有一个人，心想若把他所有的钱财拿去做一件生意，留心经营，将来一定赚许多钱。其实生意赚钱不赚钱，还要看是什么人、什么生意、什么时候，岂是轻易便可预料的？这种道理，在由因推果的论证里也是如此。有许多因果，牵涉太宽，含蕴太深，很不容易一见便下结论。

三、由果推果的论证的谬误

由果推果的论证，既是由由果推因和由因推果两部分组合而成，寻找谬误的时候便可先把它分为两部分，然后依照上面一、二两条所讲的方法去检查。

类比论证的谬误

类比论证成立的要件，前面已经说过。遇着这种论证，只要能证明下列三条之一，就算把它的谬误披露出来了：

一、两元不相似。

二、两元中事实不确。

三、有确凿的实据足以推翻结论。

试验类比论证的虚实，没有绝对的方法。类比论证的性质，原来比别的论证较易包藏谬误。但只要有一副评判的眼光，熟习别种论证的搜求谬误法，也不难找出所藏的谬误。

第 *6* 章 驳 论

　　本书第一编已经讲过，驳论在辩论术中占很重要的位置。不但复辩辩词中大部分是驳论，即在主要辩词里，也有时要插入驳论。有些著作家，因为复辩里大部分是驳论，甚至于把复辩与驳论两个名词用作同义的名词。其实驳论在复辩中所占的部分虽大，其间还是有区别：复辩是一种实际行动，并且是兼攻兼守的；驳论乃是一种理论，专讲攻击敌论的办法。复辩是实际辩论时演述辩词的一种形式上的程序，驳论是复辩时（或演述主要论辞时）反驳他人的方法。

　　驳论纯主破坏，与建设的论证不同。复辩一面要保卫自己的论证，一面还要攻击对手的论证，驳论便只知破坏。既是一种破坏性，便一定要顺着他人的论证，随机应变。既要顺着他人的论证随机应变，便不能不具有分析锐利的手眼和临机应变的能力，并且对于辩论术的实践和理论都要确有研究，对于辩题正反两面的一切理由、形势，都要早已融会在

胸中。驳论里第一件重要的事，就是要先知道自己所驳的是
什么东西。既知道所要驳的原论，其次便要把原论与自己所
要下的驳论中间的关系说明（就是说明所要驳的是什么地
方）。驳完之后，还要说明什么地方是已经驳倒了的，什么地
方的理由是已经减弱了的。第一步是定题，第二步是实驳，
第三步是总括。这三步，驳论时必须明确点出。

　　驳论的方法最重要的如下：

指出谬误

　　本书前章已经详论各种推理的谬误。但谬误出现的时候，
并不是都与书上所讲的样子相符合。五色迷目的花样很多，
要想把它认得清楚、指得出来，非用最锐敏的脑筋不可。因
为是这样难，所以有人说："大家若能发现一个谬误，虽自豪，
可也。如果漏掉了一个谬误，便该自愧。"这句话很可以形容
指出谬误之不易。

　　要想能指出谬点，必须先熟习各种正当推理法的格式和
各种谬误的形象。遇着一个论证，只是空空洞洞地觉得有错
处是不行的，必须确确实实地指得出是什么地方错，使别人
也能认出错处是在什么地方才行。空洞含糊，正是谬误的护

身符，没有这个护身符，哪里能藏得住谬误。所以空说有谬误，实在就等于没有说。有些时候，因为要想指出某处的谬误，指谬的人还得特意另立一个建设的论证，以与谬误的论证相对比。所立的建设论证，一定是依逻辑的规律。但依得逻辑的规律，便有些地方少不了证据；要有那些证据，才能算是强固的论证。再与谬误的论证比较一下，它所缺的刚好是这些证据，于是就证明它不能算是强固的论证了。这也是一种好方法。诸如此类的方法，都是发现谬误时所当用的。

反证法

这个办法，乃是先将就对手的论证，顺着正当推理法一层一层地慢慢阐发，最后推出一个结论，然后证明那个结论是不合理的结论。比如，A 国与 B 国开战，C 国人出来说："我们要帮助 B 国，因为 B 国是弱的一边。"有些偏 A 国的便驳这些 C 国人说："两边相争，如果弱的一边有理，那么你们扶弱抑强，自然是可钦佩的。但是假如三个警察擒一个贼，一个贼当然比三个警察弱得多，难道你们也要帮助弱的一边吗？"这就是将就对手的理由，推出一个结论，然后说他的结论是不合理的。

二层逼论法

二层逼论法最有效力。什么叫二层逼论法呢？就是一个问题只有两个解决方法的时候，逼着对手，使他不能不选择一个，然后证明两个解决法所生的结论都是不合道理的。这种方法也可以叫做进退两难法。所逼的两个结论，叫做二层逼论法的两"层"。无论对手取哪一层，结果总不是好的。例如"周公使管叔监殷，管叔以殷叛"①。周公使管叔的时候，究竟知不知道他要叛呢？不承认是"知道"，便一定是"不知道"。不承认是"不知道"，便一定是"知道"。这"知"与"不知"，便是二层逼论法的两层。两层之外，不能再生出第三个答案。所以孟子不能不承认一层，说"不知也"。等到孟子承认一层之后，陈贾便证明两层都不对。他说"知而使之，是不仁也；不知而使之，是不智也"。简直说得孟子不能不承认"仁智，周公未之尽也"②的话。可见这种逼论法何等厉害。

但是用这种方法的时候，必须依两个条件。第一，必须只有两种选择；不择第一层，必须择第二层，绝没有第三层

① 取自《孟子·公孙丑章句下》，意为"周公派他的哥哥管叔监管殷商的遗国，管叔却带领殷族人叛乱"。——编者

② 取自《孟子·公孙丑章句下》，意为"爱民和机智，周公都没有尽量做到。"——编者

可择。第二，必须两层都对于对手不利，使他无一层可守。
若不依这两个条件，便很危险。例如林肯与道格拉斯辩论，
林肯说美国独立时的宣言书所载的人民，是包括美国一切人
民，白种人在内，黑种人也在内。道格拉斯以为宣言书所包
括的只是白种人。他说如果黑人真是包括在美国人民范围之
内，白人便不应拒绝与黑人通婚。白人既不与黑人通婚，就
显见黑人不是在美国人民范围之内。林肯说："你的意思，以
为若不把黑人看作美国人民以外的人，我们就一定要娶黑人
为妻，这话从何说起？我虽不把黑人看作美国人民以外的人，
但不必一定要娶其为妻。我认黑人为美国人，同时又不娶其
为妻，未尝不可。"道格拉斯所用的二层逼论法，本来以为只
有两条路，一是与黑人结婚，一是不认黑人为美国人民。但
不知这两条路以外，还有第三条路可走。所以终被林肯驳倒。

残余法

残余法是把所辩问题的种种解决办法罗列出来，再把这
些解决办法一一推倒，只留下一个，这一个就是正确的解决
办法。比如所讨论的问题有甲、乙、丙三个可能的结论，如
果甲和乙都是不对的，就只有说丙是对的了。这个方法也是

破坏性的，所以属于驳论。用这种驳论法必须分外留心，把可能的结论搜罗无遗。如果漏了一个，对手就有逃走的机会，驳论就失了用处。既漏了一个，别人就不知所漏的是合理的结论，还是未漏的是合理的结论。既不知道哪一个是合理的结论，当然下不了断定，得不出结论来。即令所有的可能结论，显然已罗列无遗，但逐一推倒过后所剩的那个结论，也还要有确凿的证据去证明它。不然，听辩论的人，心里总难免有点儿怀疑，恐怕所罗列的结论以外还有别的结论。

譬如，赫胥黎在《天演论》第一篇讲演讲到宇宙的来源，下了三个假设。他说：

据我看来，天然界的历史，只有三个臆说（或假设）。我现在且先把这三个臆说说出，再说各个臆说有些什么证据，然后看哪一个臆说是对的。

第一个臆说，是说天然界的现象，从来就是像现在世界的样子。换言之，就是说宇宙无始无终，常依现世的情形存在。

第二个臆说，是说现世的物相，传来还不久。在过去的某个时期，生出了一个世界的境象，与现世的境象大同小异。这个境象以前并没有什么境象，这个境象又不是由更前的什么境象自然变化出来的。有人说，天然界现象之生，乃是一个一个地独立生出，与在前的现象毫无因果关系。这个臆说，不过是第二个臆说略加修改罢了。

　　第三个臆说，也是说现世的境象传来还不久，不过是由在前的境象经天然的程序进化而来的；那个在前的境象，又是由更前的境象依同法进化而来的。如此递推，过去的变迁，不能穷究。

　　赫胥黎既说了这三个臆说，又用许多证据把第一、第二两个推翻，只剩第三个，就是所谓"天演论"。"天演论"既经了这一番间接的破坏的证明法，又被赫胥黎用直接的建设的证明法来证明。消极的证明过后，这种积极的证明是万不可少的。

矛盾法

　　法庭对质的时候，如果前后的话相反，马上失却证据的价值。辩论也是这样。一有自相矛盾的地方，便不能取信。搜寻对手的矛盾点，是驳论最重要的一个办法。但是通常所遇的矛盾点，明显暴露出来的很少，多半要经一番仔细分析才能发现。比如，辩论废止有等差的记分法，正方主张学生成绩只需分及格与不及格两种。他说："有等差的记分法，把学生分为若干等，虽然可以鼓励程度高的，但名次太低的学

生便受了负面影响，产生了自暴自弃的心理。受鼓励的人，只是少数优秀分子，而丧气的却不知几许。总之，带了鼓励性的记分法，对于优秀分子，如同锦上添花；对于资质较钝的，如同落井下石。所以应该废止。"他又说："学校记分，只要分及格与不及格，便已经能达到鼓励学生的目的，何必还要分名次，故示优劣呢？"他这前后的话，便恰恰相反。一处说"不应有鼓励的性质"，一处又说"已经能达到鼓励的目的"。既不要鼓励，何必还说要达到鼓励的目的呢？这就是自相矛盾的例子。

用对手的证据

对手引了某个证据证明他的主张，我又用他的证据驳他，或用他的证据证明我的主张。这种驳论法，叫做用对手的证据法。这种方法，也是很有效的。只要有机会，便不可错过。例如对手引用证据，没有把证据的全部看清，或讨论中忽然生了变化，便可乘机用他的证据驳他。举一个简单的例子。比如某校的英文课程，学生们的成绩很差。校长与学生开了一个谈话会。校长总责备学生，说："英文成绩不好，是由于学生太不注重英文。"学生说："并不是由于我们不注重英文，

是由于老师太不行。"校长又说："我昨天从你们的教室门口走过，看见你们有些人在座位上睡觉，有些人交头接耳、嘻嘻笑笑，这不是你们轻视英文的证据吗？我上个月看见你们的考试卷子，十分潦草。照这样学英文，哪里会有好成绩？"学生听着校长说出这些证据，便反驳道："请您去翻我们的语文卷子看看，看是不是像英文那样潦草。到语文课堂去看看，看是不是像英文课堂那样睡觉。我们所以有这些现象，正是因为老师太不行，令人无法用功。"这就是用对手的证据的例子。

驳论的重要方法，现在已经讲完了。虽有这些方法，但实际应用的时候有没有效验，完全要看大家肯不肯真正下工夫。比如一个小孩，要学游泳，单靠拿一本教游泳的书坐在岸上读，一点没有成功的希望。学驳论也是这样，单把书上所讲的方法记在心里，不去练习，也是不能成功的。驳论的种种办法，固然不可不先知道，但是倘若不实地应用，还是不能变成有用的利器。学游泳的小孩，若能先看看书，便下水实地练习，练习稍有经验之后，又来看一看书，他的游泳技术一定长进很快。学辩论的人，若先知道各种方法，便去实践辩论，实践稍有经验之后，再来深究驳论的理论，定会大有裨益。